LOUISE & MARTINE FOKKENS
Guckt ihr nur!

Buch

Über fünfzig Jahre lang arbeiteten die Zwillingsschwestern Louise und Martine Fokkens im Amsterdamer Rotlichtviertel als Huren. Dort begegnete ihnen 2010 der Regisseur Ron Schröder. Er war fasziniert von den beiden optimistischen und humorvollen Frauen, die ihr Leben trotz zahlreicher Rückschläge und viel Ablehnung immer mit Schwung und Elan gemeistert haben. Die Idee des Dokumentarfilms *Ouwehoeren* entstand. Dieses Porträt des Amsterdamer Rotlichtviertels und seiner Bewohnerinnen wurde zu einem sensationellen Erfolg auf internationalen Filmfestivals von New York bis Berlin und wurde auf dem Filmfestival PRIX EUROPA als bester europäischer TV-Dokumentarfilm ausgezeichnet.
In ihrem Buch, das wochenlang die niederländischen Bestsellerlisten anführte, besuchen Louise und Martine Fokkens gemeinsam mit ihren Lesern die Schauplätze ihres Lebens und teilen ihre Erinnerungen an eine turbulente Zeit. In amüsanten Episoden berichten die Zwillinge, wie sie zur Prostitution gekommen sind, verraten ihre besten Tipps und Kniffe und beobachten, wie das Gewerbe sich im Laufe der Jahre verändert hat.
Ihre Geschichten sind voller pikanter Details über ihre Kundschaft, einige ihrer Erinnerungen sind erschütternd, und trotzdem berichten die beiden Schwestern immer voller Mitgefühl und sogar Zuneigung von ihren Kunden.

Autorinnen

Die Zwillingsschwestern Louise und Martine Fokkens wurden 1942 in Amsterdam geboren. Die lebenslustige Louise träumt von einem abenteuerlichen Leben, doch mit siebzehn wird sie schwanger von einem kleinen Ganoven aus dem Rotlichtmilieu, und die Eltern bestehen auf einer Hochzeit. Es dauert nicht lange, bis ihr Ehemann Willem Louise zur Prostitution zwingt. Martine heiratet ebenfalls, und als ihre Familie in finanzielle Not gerät, beginnt auch sie, als Hure zu arbeiten. Anfangs bieten beide Schwestern ihre Dienste in einem »Hurenhaus« an, 1978 machen sie sich selbstständig und kaufen sich einen eigenen »Schaukasten«, später eine Kneipe im selben Viertel.
Louise setzte sich 2009 zur Ruhe, Martine hingegen arbeitete auch 2011 noch immer auf De Wallen im berühmten Amsterdamer Rotlichtviertel, wo ihr der Regisseur Ron Schröder begegnete und die Idee des Dokumentarfilms geboren wurde, der 2011 die gesamten Niederlande begeisterte.

Louise & Martine Fokkens

Schaufenstergeschichten
aus dem Leben zweier Huren

Deutsch von Monika Götze

blanvalet

Die Originalausgabe erschien 2011 unter dem Titel »Ouwehoeren«
bei Bertram + de Leeuw Uitgevers, Amsterdam.

Verlagsgruppe Random House FSC® N001967
Das FSC®-zertifizierte Papier *Holmen Book Cream* für dieses Buch
liefert Holmen Paper, Hallstavik, Schweden.

1. Auflage
Deutsche Erstausgabe Juli 2013 bei Blanvalet Verlag, München,
in der Verlagsgruppe Random House GmbH
Copyright © der Originalausgabe Martine und Louise Fokkens, 2011
Copyright © der deutschsprachigen Ausgabe 2013
by Verlagsgruppe Random House GmbH, München
Copyright © Bildteil: Martine & Louise Fokkens
Umschlaggestaltung: bürosüd°, München, unter Verwendung
eines Motivs von Ron Schröder
wr · Herstellung: sam
Satz: Uhl + Massopust, Aalen
Druck und Einband: GGP Media GmbH, Pößneck
Printed in Germany
ISBN: 978-3-442-38136-4

www.blanvalet.de

Inhalt

Die Zwillinge lassen grüßen 11
Die Damen Fokkens 12
Kopf hoch 18
Ein schicker Herr 21
Congo Star 24
Schneller Nelis 27
Die Musterung 29
Rushhour am Morgen 31
Straßenstrich 34
Der Versager 36
Die Hühnerleiter 38
So was macht meine Schwester nicht! 40
Kinder 44
Kondom-Gewurschtel 46
Hinkebein 49
Der Küchenschrank 51
Kuckuck 53
Der Fensterputzer 55
Gardinen vorm Fenster 57
Verliebt 62
Kleine Bisse 65
Der bequeme Sessel 67
Die Geschichte von Lex 70
Mal eben zwischendurch 74

Ein kleiner Spaziergang 76
Hinterm Vorhang 78
Kees und Tante Miep 81
Offizierin Bosshardt und »Toos« 84
Der Direktor 88
Alfa Romeo 90
Auto-Messe 93
Lackhöschen 96
Der Gartenzwerg 98
Handschuh-Hettie 100
Doktorspiele 103
Barrie und der Baumstamm 105
Der Laternenpfahl 107
Die Prozession durchs Rotlichtviertel 109
Männerparade 114
Der Choleriker 117
Der ungezogene Sklave 119
Mein Yankee Boy 122
Der Koks-Mann 127
Wie der Vater, so der Sohn 130
Die Geschichte von Floris 133
Kinder kriegen auf De Wallen 135
Das müssen Sie melden! 141
Maria und Josef 143
Ich darf nicht kommen! 145
Marie und der Rabbiner 147
Feuer im Bordell 149
Zu müde 154
Berufstätige Mütter 157
Der Egokicker 161
Der verrückte Däumling 162

Das alte Kind 164
Kopf oder Zahl? 167
Unsere eigenen vier Wände 170
Der Gewichtheber 173
Drogentherapie 176
Ein Tag im Amsterdamer Zoo 178
Schön einseifen 183
Der bedauernswerte Nachbar 185
Der aufdringliche Nachbar 187
Sklavin auf Zeit 190
Der Lederhengst 193
Die Jungfrau und der Mann 198
Wie aus Hannes Hannie wurde 200
Ein Schwanz wie ein Pferd 202
Der Anwalt 206
Lange nicht gesehen 208
Die Geschichte von Hans 211
Geliebte Oude Nieuwstraat 215
Echte Hurenjungs für immer! 219
Einmal Hure... 222

Wohnungen
Martine & Louise (gemeinsam)
1   Geburtshaus, Gulden Winckelstraat 42, 2. Stock, Stadtbezirk Bos en Lommer (1942)
2   Elternhaus, Amstelkade 178, 3. Stock (1949)

Louise
3   Dusartstraat 23, 3. Stock, auf dem Dachboden in einer Abstellkammer zusammen mit Willem, kurz vor der Hochzeit (1959)
4   Eerste Breeuwerstraat 2, 1. Stock, nach der Hochzeit (bis November 1961)
5   Ceintuurbaan 237 (1961)
6   Sloestraat 3, 3. Stock (1969)
8   Almere (1983–2007)
9   IJmuiden (2007–heute)

Martine
4   Eerste Breeuwerstraat 2, 1. Stock, nach der Hochzeit mit Jan, als Louise in die Ceintuurbaan umgezogen ist (1961)
7   Jan Oudegeeststraat 45, Stadtbezirk Osdorp (1962)
6   Sloestraat 3, 2. Stock, unter Louise (1970)
8   Almere (1983–2008)
9   IJmuiden (2008–heute)

Arbeitsstätten
A   Animierbar, Reguliersdwarsstraat 105 (Louise, 1962)
B   Café Congo Star, Nieuwendijk 131 (Louise, 1962)
C   Café de Beurstip, Beurspassage (Louise, 1962)
D   Utrechtsestraat, Straßenstrich (Louise, 1962)
E   Stundenhotels, Amstel 48–54 (Louise, 1962)
F   Bordell von Jan und Leen Stoeten, Oudezijds Voorburgwal 97 (Martine und Louise, 1963–1971)
G   Hinterm Vorhang, Reguliersdwarsstraat 55 (Louise, 1965)
H   Verschiedene Bordelle, Oude Nieuwstraat (Martine und Louise, 1972–1978 und 1992–heute)
I   Oudekerksplein (Martine und Louise helfen hier in den 1960er und 1970er Jahren ab und zu aus)
J   Eigenes Bordell, Koestraat 14 (1978–1992)

Die Zwillinge lassen grüßen

Wem widmen wir dieses Buch?

Allen Menschen, die an uns geglaubt haben, die mit uns durch dick und dünn gegangen sind und immer zu uns gestanden haben.

Und allen Kunden, die uns jahrelang die Treue gehalten haben. Viele von ihnen wurden echte Freunde und haben uns geholfen, wenn wir sie brauchten. Wir mussten nur was sagen, und schon standen sie vor der Tür.

Mit viel Spaß und einer guten Portion Humor haben wir uns immer so viel wie möglich mit den Männern um uns herum amüsiert.

Unsere Scham ist vorbei.

Ganz besonders möchten wir unserem Vater und unserer Mutter danken, die leider nicht mehr unter uns sind. Die beiden haben immer zu uns gehalten, genauso wie ihre Enkel und Urenkel. Wenn wir sie brauchten, waren sie für uns da.

An dieser Stelle möchten wir allen Menschen danken, die uns nie verurteilt haben.

Martine und Louise Fokkens, IJmuiden 2011

Die Damen Fokkens

Louise und Martine Fokkens sind eineiige Zwillinge im stattlichen Alter von siebzig Jahren. Sie waren ein Leben lang unzertrennlich bis zum heutigen Tag. Ein halbes Jahrhundert arbeiteten sie im Amsterdamer Viertel De Wallen – dem Rotlichtviertel der Stadt: Sie saßen in den »Koberfenstern«, den Schaufenstern, und lockten die Freier an.

Die Zwillinge wurden während des Zweiten Weltkriegs im Stadtteil Amsterdam-West geboren. Ihre Eltern stammten aus dem damals berüchtigten Arbeiterviertel Jordaan, mitten im Grachtengürtel, direkt bei der Westerkerk, dem Wahrzeichen der Stadt. Ihr Vater war im Widerstand, half untergetauchten Juden und brannte heimlich Genever und Eierlikör. Nur mit großer Mühe überlebte die Familie den Krieg und den darauffolgenden Hungerwinter.

Nach dem Krieg bekommt der Vater eine Festanstellung bei einer Versicherung, und die Familie zieht an die Amstelkade im schicken Stadtteil Amsterdam-Zuid. Mit ihren insgesamt sieben Kindern ist die Familie für die Zwillinge wie ein warmes Nest – in dem es auch kreativ zugeht: Es wird gemeinsam musiziert, gemalt, gestrickt und genäht. Louise und Martine spielen außerdem begeistert Basketball.

In ihren besten Jahren nennt man Louise die »Königin der Wallen«, weil sie mit ihren langen goldblonden Haaren, der üppigen Sanduhrfigur und ihrer selbstbewussten Ausstrahlung extrem gefragt ist. Auch heute noch macht sie ihrem Namen alle Ehre: Sie fällt auf, ist eigensinnig und temperamentvoll. Man sieht, dass sie zweifelsohne die Erstgeborene ist: Im Vergleich zu Martine ist sie etwas kräftiger und trägt den Kopf etwas höher. Bei Gesprächen führt meistens sie das Wort. Sie hat ein unglaublich gutes Gedächtnis und kann Erlebnisse bis ins kleinste Detail beschreiben. Sie hat Talent zum Geschichtenerzählen – das vorliegende Buch ist der Beweis dafür.

Vielleicht ist es also gar kein Zufall, dass Louise als Erste das Licht der Welt erblickte. Schon als junges Mädchen träumte sie von einem abenteuerlichen Leben und war vom Rotlichtviertel fasziniert. Für die Schule interessierte sie sich dagegen kaum. Lieber ging sie mit ihrer Schwester ins Kino, wo ihnen die feschen Kerle hinterherpfiffen. Dennoch landete sie nicht aus freien Stücken im horizontalen Gewerbe. Mit siebzehn wurde sie schwanger. Willem, der Vater, war ein kleiner Ganove aus dem Amsterdamer Stadtviertel De Pijp. Ihre Eltern drängten auf eine Heirat, zu groß war damals die Schande eines unehelichen Kindes. Zum Glück war Louise nicht nur in einer Notlage, sondern auch bis über beide Ohren verliebt, und so bekam das Paar noch zwei weitere Kinder.

Der »schöne Willem« jedoch liebte vor allem Glamour und Luxus: amerikanische Schlitten, Urlaube in Spanien, das Nachtleben und andere Frauen. Als Louise zwanzig war, zwang er sie mit harter Hand dazu (und dies ist durchaus wörtlich zu nehmen), sich zu prostituieren. Anfang der 1960er Jahre arbeitete Louise in einem Bordell im Rotlichtviertel De Wallen.

Martine, die »Jüngere« der beiden, spielt gern die zweite Geige. Wo Louise sich garantiert aufregt, bleibt Martine eher gelassen und milde. Sie erkennt schneller die komischen Seiten einer Situation und nimmt das Leben, wie es ist. Aber für ihre Schwester geht sie durchs Feuer. So bekam »der schöne Willem« regelmäßig eine Abreibung von ihr, wenn er bei Louise mal wieder handgreiflich geworden war. Mit neunzehn heiratete Martine Jan, einen Freund von Willem. Kurz nach der Geburt ihrer ersten Tochter hörte sie, dass Louise seit Monaten als Hure im Rotlichtviertel De Wallen herumlief. Am Anfang wollte sie es nicht wahrhaben: »So was macht meine Schwester nicht!« Dann bekam Martine in dem Bordell, in dem Louise arbeitete, einen Job als Putzfrau. Und als ein Jahr später ihre gerade erst gegründete Familie in Geldnot geriet, beschloss sie, »es« auch zu tun. Sie war bald genauso gefragt wie ihre Schwester. Die nächsten zehn Jahre arbeiteten die Zwillinge vor allem in einem Bordell auf dem Oudezijds Voorburgwal – sehr zur Freude der Kunden oft zusammen. 1965 standen sie dort Prinzessin Beatrix Rede und Antwort, die inkognito und am Arm einer Offizierin der Heilsarmee De Wallen besuchte, um sich über das Leben der Prostituierten zu informieren.

Zu dieser Zeit war De Wallen noch ein lebendiges Arbeiterviertel. Es gab hier nicht nur Bordelle, sondern auch Handwerksbetriebe, kleine mittelständische Unternehmen, Cafés und Kneipen mit gutbürgerlicher Küche. Kriminalität spielte keine große Rolle und kam nicht von außen, sondern aus den eigenen Reihen, genau wie die Freudenmädchen – alles holländischer Eigenbau. Die Haupteinnahmequelle des Viertels war aber eindeutig die Prostitution. Damals konnte man sich in dieser Branche eine goldene

Nase verdienen. Viele Damen gingen auf der Straße oder in den Kneipen anschaffen. Erst Mitte der 1960er Jahre fingen die Prostituierten an, sich in Koberfenstern zu präsentieren. Damals aber saßen die Mädchen noch bekleidet hinter den Fensterscheiben, und ein Schupo achtete darauf, dass der Rock bis übers Knie ging. Später arbeiteten Louise und Martine in der Oude Nieuwstraat, einer Straße zwischen Singel und Spuistraat, in der ältere Prostituierte kleine Bordelle mit ein oder zwei Arbeitszimmern betrieben.

Nachdem die Zwillinge jahrelang gut verdient hatten, machten sie sich 1978 selbstständig. Martine und Louise eröffneten in der Koestraat ein eigenes Bordell. Zehn Jahre später eröffneten sie an der Straßenecke außerdem eine Gaststätte mit dem Namen *De Twee Stiertjes* – Die zwei Stiere – passend zu ihrem Sternzeichen.

Es brach eine Zeit der Freiheit an: Weder eine Puffmutter noch ein Zuhälter konnte ihnen etwas vorschreiben. Aber einfach war das Unternehmerinnen-Leben trotzdem nicht. Drogenkriminalität und Frauenhandel verschärften die Atmosphäre im Rotlichtviertel zusehends. Nicht nur die Weltwirtschaft wurde international – De Wallen ebenfalls. Die Huren kamen nicht mehr ausschließlich aus den Niederlanden, sondern von überall her. Dadurch ging die holländische Tradition des Anschaffens mit subtiler Anmache und Verführung, mit Magie und Spiel, in der Louise und Martine in den 1960er Jahren das Handwerk des horizontalen Gewerbes gelernt hatten, in rasantem Tempo verloren. Nach bewegten Zeiten, die sowohl mühsam als auch amüsant waren, beschlossen sie Anfang der 1990er Jahre, das Bordell und die Gaststätte zu verkaufen.

Louise arbeitet seitdem kaum noch, aber Martine sitzt

wieder in einem Fenster der Oude Nieuwstraat. In der Nachbarschaft hegt und pflegt Martine in ihren freien Stunden, wenn sie keine Kundschaft hat, einige Dachgärten der Anwohner, sie hat nämlich einen grünen Daumen. In diese pittoreske Straße zog vor ein paar Jahren mein Kollege, der Regisseur Ron Schröder, um dessen Garten sich Martine ebenfalls kümmert. Dabei kamen sie ins Gespräch. »Ich würde eigentlich gerne mal einen Film über unsere Straße machen«, sagte Ron zu ihr, »mit dir in der Hauptrolle.« Martine war nicht abgeneigt und wollte sich das mal durch den Kopf gehen lassen, versprach sie. »Und meine Schwester, darf die dann auch mitmachen?«

So lernten wir die beiden Fokkens-Schwestern kennen. Sie sind zwei humorvolle, mollige Frauen mit geröteten Wangen, einladendem, üppigem Busen und schneeweißem Haar. Oft tragen sie das Gleiche, denn alles, was sie kaufen, kaufen sie doppelt. Am liebsten tragen sie farbenfrohe Kleider mit auffälligen Drucken, um den Hals eine Kette mit Davidstern, in den Ohren schlichte Kreolen. Beide haben mehrere Enkel und inzwischen sogar Urenkel. Sie sind echte jiddische Mamas, fürsorglich und mütterlich. Besuch wird bei ihnen üppig bewirtet. Sie haben ein großes Herz und einen untrüglichen Sinn für Gerechtigkeit.

Nachdem die Zwillinge lange in Almere gewohnt hatten, zogen sie vor ein paar Jahren nach IJmuiden, in zwei bescheidene 1960er-Jahre-Apartments. Immer ist es Louise, die als Erste den Wohnort wechselt, stehenden Fußes gefolgt von Martine. Beide Wohnungen hängen voller selbstgemalter Bilder; sie malen genauso gern, wie sie schreiben. Es sind farbenfrohe, expressive und anarchistische Gemälde. Viele Landschaftsmotive und Blumen, aber auch Szenen aus dem turbulenten Leben im Rotlichtviertel. Martine hat außerdem noch ein Talent für ungestüme abstrakte Malerei.

2010 haben Ron Schröder und ich einen Dokumentarfilm über die Fokkens-Damen gedreht. Der Film heißt *Ouwehoeren* – im Niederländischen ein Wort, das sowohl »schwatzen« als auch »alte Nutte« bedeutet – und hat im November 2011 auf dem International Documentary Festival Amsterdam Premiere gehabt.

Während der Dreharbeiten merkten wir, dass viele großartige Geschichten im Film kaum Platz haben würden. »Das ist etwas für ein Buch«, sagten wir immer, wenn die beiden so eine Geschichte erzählten. Glücklicherweise konnte dieses Buch ebenfalls verwirklicht werden. Mit talentierter Feder, eiserner Disziplin, einer großen Portion Humor und Offenheit haben Louise und Martine die Geschichten aus ihrem Leben aufgeschrieben. Außerdem haben sie drei ihrer Stammkunden, Lex, Floris und Hans, überreden können, ihre Erfahrungen im Rotlichtviertel zu Papier zu bringen.

Martine erzählt hauptsächlich von ihren aktuellen Erfahrungen im Bordell in der Oude Nieuwstraat, über die Besuche treuer Kunden, die mit ihr zusammen in die Jahre gekommen sind. Louises Geschichten handeln vor allem von ihrer Hoch-Zeit als Prostituierte, den 1960er und 1970er Jahren, als sie die Königin von De Wallen war. In diesem Buch wechseln sich Louise und Martine, das Heute und Gestern ab. So kann der Leser am besten vergleichen und miterleben, was sich verändert hat und was immer noch so ist, wie es immer war.

Gabrielle Provaas, Amsterdam 2011

Kopf hoch

Louise, 1962

Willem hatte sich mal wieder aus dem Staub gemacht. Das kam regelmäßig vor, immer wenn die Blätter an den Bäumen sprossen oder auch wenn sie wieder herabfielen. Wir hatten früh geheiratet, waren seit drei Jahren zusammen und beide gerade mal siebzehn Jahre alt. Ich war schwanger. Als Minderjährige durfte man damals nur mit Zustimmung der Königin heiraten. Dafür mussten wir extra auf die Polizeiwache Overtoom kommen. Dort überzeugte man sich davon, dass von beiden Seiten aus alles in Ordnung war. Als ich neunzehn Jahre alt war, hatten wir bereits drei Kinder, trotzdem ließ mich Monsieur einfach im Stich. Aber ich habe mich nicht unterkriegen lassen und mir gesagt: Kopf hoch. Ich habe für ein paar Kröten in einem kleinen Betrieb für Lampenschirme gearbeitet, aber davon hatte ich schnell die Nase voll. Man musste ackern wie ein Pferd, hatte dauernd zerstochene Hände, und der Haushalt machte sich auch nicht von alleine. Also suchte ich mir etwas in der Gastronomie. Für kurze Zeit arbeitete ich in einer Animierbar am Rembrandtplein.

Als ich mich in der Bar vorgestellt hatte und wir uns einig waren, fragte ich: »Kann ich gleich anfangen?«

»Aber klar«, sagte die Chefin. »Pflanz deinen Hintern auf

den Barhocker dort neben dem Herrn und leiste ihm beim Trinken Gesellschaft.«

»Das ist nicht dein Ernst? Das mach ich nicht!«

Ich war aber derart verdutzt, dass ich nicht entrüstet aufstand und ging, sondern einfach sitzen blieb. Es schien, als hätte ich auf dem Barhocker Wurzeln geschlagen. Neue Kunden kamen herein und gaben mir einen aus. Die Chefin wollte, dass ich Champagner bestellte. Und da kam auch schon eine ganze Flasche. Ich trank damals kaum Alkohol, also nippte ich davon nur ein bisschen und versuchte so oft wie möglich, das Glas in den Blumentopf zu leeren oder umzustoßen. Irgendwann fragte mich ein Kunde, ob ich mit ihm in die Kiste wolle. Ich verstand nur Bahnhof. Nach der zweiten Flasche Schampus verabschiedete sich der Mann und sagte: »Bis nach Ladenschluss, dann gehen wir in die Kiste.«

Ich dachte: Vergiss es! Ich muss nach Hause zu meinen Kindern. Der Babysitter sitzt bestimmt schon auf Kohlen.

Als ich gehen wollte, sah ich, dass der Mann draußen wartete. »Oh, sieh mal«, rief ich meiner Chefin zu, »der Kerl wartet tatsächlich auf der anderen Straßenseite auf mich.«

»Na und?«, antwortete meine Chefin. »Dann gehst du halt mit ihm ins Bett.«

»Aber ich bin noch nie fremdgegangen.«

»Du sollst ja auch gar nicht fremdgehen. Der Kerl muss dich dafür bezahlen.«

»Was soll das denn heißen? Aber wenn du dich damit so gut auskennst, dann geh doch selbst mit ihm ins Bett.«

Als ich aus der Bar kam, stand er immer noch da. Schnell rannte ich in eine kleine Seitenstraße und sprang beim Munt in die fünfundzwanziger Straßenbahn. Damals konnte ich auf meinen hohen Hacken noch rennen wie ein Wiesel.

Der Schaffner fragte: »Mädchen, was keuchst du denn so? Is einer hinter dir her?«

»So ist es!«, rief ich und sah den Kerl auf uns zurennen. »Mach die Türen zu und fahr endlich ab!«

Der Fahrer schloss die Türen. »So, Mädchen, jetzt kann er nicht mehr rein.«

Ich war zum Glück gerettet. Aber warum der Kerl so hinter mir her war, verstand ich nicht. Ich hatte ihm nichts versprochen. Den hatte sicher der Hafer gestochen.

Ich blieb nicht allzu lang in der Animierbar am Rembrandtplein, denn ich bekam woanders einen Job hinter der Bar und brauchte nicht mehr vor der Bar auf einem Hocker herumzusitzen.

Ein schicker Herr

Martine, 2011

»Guten Tag, werte Dame.«

»Guten Tag, mein Herr.« Er ist picobello gekleidet: Anzug, Krawatte, Lackschuhe. Ein richtig altmodischer, schicker Herr.

»Ich möchte gerne zu Ihnen hereinkommen. Würden Sie mir mit den hohen Stiefeln, die da im Fenster hängen, ins Gesicht treten?«

»Ja, einverstanden, mein Herr, wenn Sie genug dafür übrig haben? Für den Anfang macht das 250 Euro.«

Er zahlt, ohne zu zögern.

»Wenn es gut läuft, zahle ich noch mehr.«

»Kommen Sie bitte herein und mit auf mein Zimmer. Hier entlang, geradeaus… Nein, da ist das WC. Das geht natürlich auch, wenn Sie mögen.«

»Nein, meine Dame, ich möchte gerne mit auf Ihr Zimmer. Ich bin sehr nervös, müssen Sie wissen, und es wäre schön, wenn Sie schnell anfangen könnten. Ich muss mich nämlich beeilen. Ich komme aus Schagen und muss eigentlich ein paar Besorgungen für meine Frau erledigen. Sie ist gestürzt und kann gerade nicht gut laufen. Ich dachte, ich fahre mal schnell nach Amsterdam. Ich bin hier geboren und bekomme manchmal plötzlich Heimweh. Ich hoffe dann immer, noch etwas von der Atmosphäre von früher wiederzufinden, wissen Sie, aber es hat sich alles sehr verändert. Es ist auch schon so lange her. Aber ab und zu muss ich einfach mal wieder. Und jetzt bin ich bei Ihnen. Ich mache das schon seit meinem achtzehnten Lebensjahr so.«

»Jetzt aber zur Sache, mein Herr, wir fangen mal an.«

»Ich lege noch etwas drauf, werte Dame. Ich habe schon so viel Zeit von Ihnen in Anspruch genommen, und Sie hören mir wenigstens zu.«

»Danke, mein Herr. Legen Sie sich bitte hin.«

Ich ziehe meine Overknee-Stiefel an und stelle mich aufs Bett. Ich muss aufpassen, nicht umzufallen, denn meine High Heels versinken in der Matratze. Ich lehne mich an die Wand. Jetzt stehe ich gut. Ich hebe meinen rechten Fuß an sein Gesicht und fange an zu treten. Gegen seine Wange. Unter sein Kinn.

»Bitte machen Sie weiter. Fester, fester!«

Ich trete noch fester zu, so fest, dass mir schon mulmig wird. Kaum zu glauben, dass er das aushält.

Er fängt an zu brüllen: »Weitermachen, weitermachen! Noch fester, das hab ich doch gesagt. Nun machen Sie schon!«

»Ja, ich hab verstanden. Also gut, ich werde Ihnen ein paar feste Tritte verpassen.«

Und ich trete ein paarmal kräftig zu.

»Oooh!« Er schreit vor Lust. »Das war herrlich, mein Fräulein. Vielen Dank.«

»Jetzt ist es aber genug, mein Herr.«

»Ja, jetzt ist es genug. Sie haben das großartig gemacht. Ach, jetzt fällt mir ein, dass ich ja noch für meine Frau einkaufen gehen sollte. Sie muss ja noch zu Hause bleiben und ihr Bein hochlegen.« Er fängt lauthals an zu lachen. »Das ist schon eine komische Situation, oder?«

»Tja, dann verwöhnen Sie sie mal besonders gut, wenn Sie wieder zu Hause sind.«

»Das werde ich bestimmt machen. Nun, mein liebes Fräulein, ich habe bekommen, was ich wollte. Das muss für eine Weile reichen. Dann gehe ich jetzt aber wirklich mal. Auf nach Schagen.«

Und pfeifend geht er weg. Er winkt mir noch zu und verschwindet dann lachend um die Ecke.

Congo Star

Louise, 1962

Nach einer Weile sah ich eine Anzeige, in der eine Barfrau am Nieuwendijk gesucht wurde. Die Bar hieß *Congo Star* und wurde vor allem von Seeleuten besucht. Einige von denen konnten ganz schön was wegsaufen. Dort habe ich das Bierzapfen gelernt. Am Anfang machte ich dabei noch zu viel Schaum, sodass der Chef sauer wurde. Er zog mir etwas vom Lohn ab. Das war natürlich Unsinn, denn alles will gelernt sein! Aber mir machte die Arbeit Spaß, auch wenn die meisten Gäste nicht gerade zimperlich waren. Aber nicht alle, viele waren sehr sympathisch.

Die Bar von Tante Leen war nur ein paar Häuser weiter. Da ging ich manchmal hin; es war immer nett da. Gegenüber war die Diskothek Mercurius. Der Türsteher war Jopie Veth, ein Junge der Familie De Vries vom Zeedijk. Damals, 1962, war es in Amsterdam gut auszuhalten. Man konnte entspannt durch die Straßen gehen und seinen Spaß haben. Man musste keine Angst haben und wurde nicht dumm angemacht.

Ich arbeitete nur tagsüber für ein paar Stunden in der Bar, denn ich wollte wegen meiner drei Kinder rechtzeitig zu Hause sein. Eines Tages setzte sich ein Mann an die Bar und bestellte einen Genever. Es dauerte nicht lange, und er fing an, die Genever in einem Zug hinunterzukippen, einen nach dem anderen. Ein Kollege warnte mich, dem Mann ja nicht zu nahe zu kommen.

Ich fragte: »Warum nicht?«

»Weil der aggressiv wird, wenn er besoffen ist, und dann zerdrückt er das Glas in deinem Gesicht.«

»Tja, so kann man's natürlich auch machen.«

Ich also weiter am Nachschenken und er weiter am Kippen. Er wurde immer merkwürdiger. Irgendwann dachte ich: Jetzt reicht's. Ich geb dem Knallkopf lieber nichts mehr, bevor der noch ganz durchdreht. Aber es war schon zu spät. Er sprang auf, zerschlug das Glas und wollte mir mit den Scherben ins Gesicht. Ich wich sofort zurück. Ein junger Mann hatte die Szene beobachtet und hielt seinen Arm fest, fasste dabei aber in die Scherben. Es ging alles rasend schnell. Der junge Mann musste ins Krankenhaus, und der Trunkenbold wurde auf die Straße befördert. Ich musste weiterarbeiten, war aber mit den Nerven am Ende.

Nach einer Weile kam der junge Mann, er hieß Joël, aus dem Krankenhaus zurück. Seine Hand steckte in einem dicken Verband. Er hatte eine tiefe Wunde, die genäht worden war. Ich bedankte mich natürlich bei meinem Schutzengel.

Er fragte: »Wie lange machst du hier denn noch? Dann warte ich und bring dich noch ein Stück nach Hause.«

Gesagt, getan.

Er fragte: »Wo wohnst du?«

Damals wohnte ich in der Ceintuurbaan, am hinteren Ende, an der Amstel. Wir gingen durchs Zentrum, die Hobbemakade entlang. Irgendwann verschwand ich mit meinem Retter in einem Hauseingang, und dort hatten wir

Sex. Sehr romantisch, nicht wahr? Den Rest können Sie sich ja denken.

Wir haben eine ganze Weile lang was miteinander gehabt, bis er wieder zur See fahren musste. Ich habe meinen Held nie vergessen und noch eine Zeit lang im *Congo Star* gearbeitet.

Aufgehört habe ich dort, weil Willem irgendwann wieder aufkreuzte. Monsieur war mir schon ein paarmal vom *Congo Star* aus gefolgt und hatte versucht, Kontakt mit mir aufzunehmen. Er dachte wohl, er müsse seine Meinung über mein Leben kundtun. Er fand, der Kerl sei nicht gut genug für mich.

»Dass ich nicht lache. Das musst ausgerechnet du sagen!«

Aber steter Tropfen höhlt den Stein. Und bald hatte er es tatsächlich wieder mal geschafft. Er kriegte mich rum. Nachdem ich im *Congo Star* aufgehört hatte, habe ich es eine Weile lang ruhiger angehen lassen. Ich blieb mit den Kindern zu Hause, das hat mir gut gefallen.

Schneller Nelis

Martine, 2011

Nelis ist schon seit langem Stammkunde. Oft ruft er an, bevor er kommt. Mindestens ein Mal pro Woche, manchmal öfter.

»Ich komm gleich vorbei!«, schallt es dann durchs Telefon. Wenn möglich, versuche ich dann frei zu sein, aber extra auf ihn warten, das mache ich nie. Manchmal hat er dann eben Pech. Nelis ist sehr spießig. Er kommt immer mit irgendwelchen Wünschen und Fantasien an, aber letzten Endes wird es dann doch bloß kurz und bündig.

»Ja, toll, zu zweit im Hausflur«, sage ich dann.

»Genau wie früher, schnell und heimlich unter deinen Rock«, sagt Nelis.

Das erregt ihn sehr. Er kann nicht länger warten.

Ich frage: »Hast du's eilig?«

»Ja, ich will noch mit demselben Tramticket zurück. Sonst muss ich noch mal bezahlen.«

»Na los, dann Beeilung. Ich mach's mit der Hand.« Mit seinen fünfundsechzig Jahren kommt Nelis immer noch ziemlich schnell.

Dann macht er sich zurecht, wirft einen Blick auf die Armbanduhr und sagt: »Jetzt muss ich los, dann erwisch ich die Straßenbahn gerade noch.«

Amüsiert rufe ich Nelis hinterher: »Stolper nicht über deine langen Beine.«

Schwungvoll und mit lautem Knall wirft er die Tür ins Schloss. Ich öffne sie wieder und schaue die Straße hinunter. Er rennt so schnell, dass er schon bei der Straßenecke ist und aus meinem Blickfeld verschwindet.

Zeit für eine kleine Pause: Tasse Kaffee, Käsebrot. Bin gespannt, was er sich nächste Woche ausdenken wird. Nelis hat eine blühende Fantasie, aber meistens wird's dann doch nur ein Quickie.

Die Musterung

Louise, 1962

Wim hatte einen guten Bekannten, dem eine kleine Bar in der Nähe der Börse gehörte. Sie hieß *Der Börsentipp*. Dolf, der Barbesitzer, wohnte direkt über dem Laden. Es war eine gemütliche Bar, die von nur einer Bardame oder einem Barmann geführt werden konnte. Damals gingen montags immer viele von den Börsenleuten dorthin, ziemlich geschniegelte Typen. Es kamen auch viele von der amerikanischen Army aus Deutschland und Soesterberg. Mit den Yankee Boys verstand ich mich prima. Es gab immer was zu lachen, und wir hatten eine Menge Spaß zusammen. Die Boys wollten, dass ich etwas trank und mit ihnen anstieß.

Dolf hatte mir eingebläut, ich solle immer nur Piccolos trinken, denn die waren am teuersten. Der Schampus aus den kleinen Fläschchen schmeckte mir ausgezeichnet, aber eine Bardame darf sich natürlich nicht betrinken. Deswegen standen unter der Bar auch Piccolos mit Wasser drin, sodass ich zwischendurch auch hiervon trinken konnte.

In den *Börsentipp* kamen auch viele Ganoven aus der Nachbarschaft, um zusammen ein Bierchen zu trinken und ein Spielchen zu spielen. Ich war natürlich mit von der Partie. Das hat Spaß gemacht: den Becher zu schütteln und die

Würfel über den Tisch kullern zu lassen. Einmal kam nachmittags eine Gruppe gut gelaunter Ganoven rein, sechs Typen aus dem Rotlichtviertel. Ein paar kannte ich, die »trainierten« ab und zu mit Willem. Der hatte mir erzählt, dass die Jungs Frauen hatten, die für sie in den Fenstern saßen. Der Rote Nol war auch dabei. Den kannte ich noch von früher, als wir immer ins Kino Royal am Nieuwendijk gegangen waren. Das war die Zeit der Bleistiftröcke, knappen Pullis, Twinsets und Pfennigabsätzen gewesen. Die Zeit, als die Jungs einem noch hinterhergepfiffen hatten...

Die Kerle kippten also ein paar Biere und amüsierten sich. Die Stimmung war bestens. Irgendwann fingen sie an, mich zu taxieren und zu überlegen, wie viele Kunden ich wohl pro Tag vertragen würde. Der eine meinte zwanzig, ein anderer dreißig. Zum Schluss waren sie bei fünfzig. Sie schlossen sogar Wetten darüber ab. Auf diese Weise wurde der Marktwert, den ich für Willem haben könnte, geschätzt, denn die feinen Herren kannten sich schließlich aus. Na ja, dachte ich, für heute hab ich genug.

Der nächste Schritt ins Rotlichtmilieu war damals schon nicht mehr fern. Willem drängte mich, als Freudenmädchen anschaffen zu gehen. Wenn ich auf De Wallen als Nutte arbeiten und hinter den Fensterscheiben sitzen würde, dann würde er zu mir und den Kindern in die Ceintuurbaan zurückkommen.

Rushhour am Morgen

Martine, 2011

Ich stehe um sechs Uhr auf, um von IJmuiden nach Amsterdam zu fahren. Heute ist schönes Wetter. Die Vögel zwitschern in den Bäumen, das genieße ich immer sehr. Jetzt das Wasser für den Tee aufgießen, ziehen lassen. In der Zwischenzeit die Gießkanne mit Wasser füllen. Die erfrischende Dusche tut den Blumen in den Kästen gut, sie strahlen regelrecht. Tee einschenken, eine Scheibe Brot und einen Zwieback essen. Ich sehe zur Uhr, Mensch, die Zeit vergeht wie im Flug! Schnell duschen und anziehen und dann Beeilung, denn der Bus wartet nicht auf mich. Ich gehe um fünf vor acht aus dem Haus, damit ich den Bus um sechs nach acht erwische. An der Bushaltestelle muss ich noch kurz warten. Es kommen noch ein paar Leute an, die auch mitwollen.

»Morgen, Herr Busfahrer.«

Die Sonne scheint. Der Bus fährt am Nordseekanal entlang. Auf der anderen Uferseite qualmen die Schornsteine der Hochöfen. Dann fahren wir unter dem grünen Blätterbogen der Alleebäume hindurch. Schade, dass man so schnell drunter durch ist. Auf den Wiesen blühen hübsche Butterblumen, etwas weiter hinten, im hohen Gras, weiße Blumen. Ich würde mich gerne dort zwischen die Blumen ins Gras legen. Ich schaue in den Himmel und sehe viele Quellwolken. Trotzdem hängt in der Luft ein Hauch von Regen. An der linken Seite stehen einige verschlafene Bauernhäuser. Dann kommt Ruigoord, ein Dorf, das so gut wie abgerissen wurde, und wir fahren an modernen Windrädern für die Energiegewinnung vorbei. Jetzt kommen wir ins Industriegebiet. Kohleberge, Kräne, zwei große Türme, die seit Jahren Dampf ausstoßen. Rechts gibt es noch freies Land, das bestimmt bald zugebaut werden wird. Meiner Meinung nach ist das alles viel zu viel.

Eine Frau stupst mich an. Ich schrecke aus meinem Tagtraum auf. »Wir müssen raus. Der Bus fährt nicht weiter, es ist Sommerfahrplan, er fährt wieder zurück nach IJmuiden Strand.« Wir steigen in die Straßenbahn Nummer 12 und nach ein paar Haltestellen um in Nummer 16. Auf dem Dam steige ich aus.

Endlich angekommen in der Oude Nieuwstraat, höre ich Gerumpel aus dem Nebenzimmer. Merkwürdig, es wollte heute Morgen doch sonst niemand kommen?

Plötzlich geht die Zwischentür auf. Im Türrahmen steht ein üppiges Weib. Wenn die auf einem liegt, wird man platt gedrückt und verschwindet zwischen ihren riesigen Brüsten.

Sie sagt zu mir: »Ich haben gesagt, er nix kann bleiben, weil kommen andere Mädchen.«

»Ja«, sage ich und gehe mit ihr rüber.

In dem anderen Zimmer liegt ein Typ im Bett und schläft seinen Rausch aus. Ich rüttele ihn an der Schulter. »Sie können hier nicht bleiben, denn jetzt kommt jemand anders«, sage ich zu ihm.

Er ist sauer. »Sie hat mir versprochen, dass ich den ganzen Tag hierbleiben kann. Ich habe nämlich genug bezahlt. Heute Abend um sieben Uhr kann ich wieder Geld vom Automaten holen.«

»Na, dann kommen Sie heute Abend wieder zurück. Tschüss und bis zum nächsten Mal.«

Er zieht den Schwanz ein und verduftet. Das ist noch mal gut gegangen. Und meine Kollegin geht mit mehr als genug im Portemonnaie nach Hause. »Viele Danke, Fraulein.«

»Ist schon in Ordnung.«

Ich habe mich gerade zurechtgesetzt, da kommt ein Bekannter vorbei. Ich kenne ihn schon seit einigen Jahren, ein sehr angenehmer Mann. Wir unterhalten uns angeregt und trinken Kaffee.

»Noch ne Tasse?«, frage ich.

»Ja gern, Marie.«

Er quatscht immer weiter und vergisst die Zeit, bis sein Blick auf die Armbanduhr fällt. »Also, danke für den guten Kaffee, Marie, aber jetzt muss ich gehen, die Pflicht ruft. Bis bald, mein Schatz.«

Der nächste Kunde sagt: »Ich möchte gern einen Quickie, gleich habe ich im Rathaus eine Sitzung.«

Tja, dann bleiben wir wohl besser stehen und angezogen. Alles verläuft ohne Probleme, und weg ist er.

Ich räume auf, setze mich wieder auf meinen »Thron« ins Fenster und sehe auf die Uhr. Es ist fast zehn Uhr. Die morgendliche Rushhour ist vorüber.

Straßenstrich

Louise, 1962

Ich verschwand nicht sofort hinter der Fensterscheibe. Wenn die Kinder bei meiner Schwester oder bei den Großeltern waren oder ich einen Babysitter organisiert hatte, ging ich zu Fuß von der Ceintuurbaan über die Hemonystraat zur Utrechtsestraat. Da war der Straßenstrich. Meistens blieb ich im vorderen Teil, in der Nähe der Straßenbahnhaltestelle vom Frederiksplein. Wenn irgendwas faul war oder die Polizei kam, sprang ich einfach schnell in die nächste Straßenbahn.

Es war dort wie beim Monopolyspiel. Der Bürgersteig war in unsichtbare Felder aufgeteilt. Eines Abends hatte ich einen Zuhälter am Hals: »Hau ab, du! Auf diesem Stück stehen wir. Diese Nutten gehören allesamt zu mir.«

»Schön für dich«, wehrte ich mich.

Ich ließ mich von dem Miesmacher nicht aus der Ruhe bringen und ging weiter anschaffen. Wieder zu Hause habe ich dann alles meinem Macker erzählt, und am nächsten Tag hat Willem der Utrechtsestraat einen Besuch abgestattet. Als mir der Zuhälter wieder komisch kam, ist Willem sofort auf ihn zugestürmt. Sie stritten heftig, das war nicht zu übersehen, aber Willem war zum Glück alles andere als zartbesaitet, und nach einer Weile war alles wieder Friede,

Freude, Eierkuchen. »Wir sind uns einig«, sagte mir Willem, und ich konnte ungehindert weiter anschaffen gehen.

Ich persönlich fand das dort nicht sicher genug zum Arbeiten. Die Utrechtsestraat machte mich nervös, und auch an der Amstel, hinter dem Rembrandtplein, war es nicht besser. Dort gab es Stundenhotels. Ein paarmal bin ich auch in ein Auto eingestiegen, aber das war erst recht gefährlich.

Einmal fuhr ein Kerl mit mir aus der Stadt raus. Er hatte eine Scheißlaune, und wir waren *in the middle of nowhere*. Es war dort dunkel und abgelegen. Er wollte mich aus dem Auto schmeißen und einfach stehen lassen. Daran geilte der sich auf, merkte ich. Ich dachte: Jetzt einen klaren Kopf behalten, Loes. Ich starrte ihn an, ohne wegzusehen. Was für ein feiger Dreckskerl! Mein Blick wurde eiskalt. Und dann fing ich an zu schreien und zu kreischen, so laut ich konnte. Das war meine Rettung. Das turnte ihn vollkommen ab, und er wurde wieder total sachlich. Er startete den Wagen und fuhr mich mit Vollgas zurück in die Zivilisation. Er sagte kein einziges Wort mehr und setzte mich brav in der Utrechtsestraat ab. Mensch, was war ich erleichtert!

Als der Idiot davonraste, kam eine Frau auf mich zu, die auch dort arbeitete. »Du bist neu hier, oder? Ist alles gut gegangen mit dem Typen?«

»Wieso?«, fragte ich.

»Na ja, der Kerl nimmt Frauen mit, klaut ihnen ihr Geld und lässt sie dann zu Fuß zurücklaufen.«

»Oh, vielen Dank, hättest du das nicht früher sagen können? Gibt es hier noch mehr von solchen durchgeknallten Freiern?«

Ein paar Monate später war ich dann auf De Wallen, dort war es um einiges sicherer.

Der Versager

Martine, 2011

Da kommt wieder so ein Versager. Er fragt: »Was kostet es?«
»Fünfzig«, sage ich.

Er ist einverstanden und bezahlt, aber als er im Hinterzimmer ist, fängt er an herumzumaulen. »Ich will ohne Kondom.«

Ich streife ihm trotzdem eins über. Er zieht an dem Kondom herum, ich ziehe es wieder ganz herauf.

»Lass das«, ermahne ich ihn.

Die Stimmung ist natürlich sofort verdorben. Sein Ding hängt schlaff herunter. Es kostet mich eine Menge Energie, seinen Schwanz wieder steif zu kriegen. Zum Glück gelingt es mir irgendwann. Und dann fängt der doch gleich wieder zu rufen an: »Ich will ohne!«

Ich werde sauer und haue ihm ein paarmal auf seine steifen Nippel.

»Oh, herrlich«, ruft er, »schlag mich ruhig.«

Gut, denke ich, kannst du haben! Ich sage: »Und jetzt rubbelst du deinen großen Schwanz, hörst du.« Ich verpasse ihm noch ein paar ordentliche Schläge, und er spritzt keuchend ab.

So, das war das. Eigentlich bin ich todmüde. Nächster Patient.

Ab und zu sind es richtige Blutsauger. Wenn man mitten bei der Arbeit ist, kommen die einem auch noch blöd. Dann wollen sie für kleines Geld in der ersten Reihe sitzen. Oft wollen sie einen regelrecht melken. Dann muss man sehr stark sein, um seine Gefühle zu beherrschen und sich nichts anmerken zu lassen. Ruhig bleiben, auch wenn man innerlich vor Wut kocht. Manchmal habe ich aber auch Vollidioten, bei denen hilft nur ausrasten. »Schluss jetzt! Hinlegen! Halt die Klappe und jetzt Tempo. Ich bin hier der Chef, damit das klar ist, du Mistkerl.« Dann sind sie plötzlich zuckersüß.

Manchmal ziehen sie sich trotzdem das Kondom runter und wollen immer noch ohne. Ich ziehe dann wieder ein Gummi drauf. Ich mach's nie ohne, für kein Geld der Welt. Man muss sich wehren und aufpassen, dass sie nicht ohne über einen herfallen. Wenn sie dann endlich gekommen sind, bin ich erleichtert. Manchmal sage ich schon mal zu so einem Kerl: »Was kannst du doch für eine Nervensäge sein!«

Dann können wir beide darüber lachen. Und der sagt dann auch noch, er habe sich gut amüsiert.

»Na, vielen Dank auch, du Spaßvogel.«

»Auf Wiedersehen«, sagt der dann.

Wenn ich es schaffe, dass so ein Versager abspritzt, ist die Stimmung meistens gleich besser. Manchmal entschuldigen sie sich sogar. Manchmal nicht. Dann mache ich das Radio an, ziehe die Vorhänge auf und reiße die Tür weit auf. Und immer weiterquatschen mit den Kerlen, quatschen, bis der Mund fusselig ist. Quatschen, ganz genau, denn wenn man nicht aufpasst, kriegt man vielleicht noch eins in die Fresse.

Die Hühnerleiter

Louise, 1963

Willem hatte von seinen Kumpels gehört, dass am Oudezijds Voorburgwal ein Zimmer frei war. Jetzt konnte die »richtige« Arbeit anfangen. Abends fuhren wir mit dem Rad zusammen hin; ich hinten drauf bei Willem auf dem Gepäckträger. Das Bordell gehörte Jan Stoeten, einem umgänglichen Mann. Er hatte alle Weltmeere bereist, bevor er 1953 das Haus gekauft und daraus ein Bordell gemacht hatte. Es lag an einem ruhigeren Stück der Gracht in der Nähe vom Oudekerksplein. Seine Frau Leen führte das Bordell. Sie wohnten oben drüber.

Wir klingelten und durften reinkommen. Ich war damals einundzwanzig, vollschlank und hatte lange blonde Haare. Leen war nicht sofort überzeugt. Ich glaube, sie hielt mich für eine dumme Ziege, aber Jan meinte: »Das wird schon gehen mit ihr, sie kann sicher was verdienen.«

Ich dachte, ich will eigentlich nicht, und wäre am liebsten schreiend weggerannt. Aber ich konnte sofort anfangen, und Willem ließ mich einfach da.

Es war gruselig. Alles war seltsam und ungewohnt. Das Haus war zur Straße hin recht schmal, ging dafür aber weit nach hinten in die Tiefe. Dort war es dunkel und unheimlich. In den vier Zimmern arbeiteten acht Mädchen. Vier tagsüber und vier nachts. Ich bekam das Anfängerzimmer im Hinterhaus. Um dorthin zu kommen, musste ich durch einen langen, dunklen Flur und ein steiles Treppchen hoch, das war wie eine Hühnerleiter. Das Zimmer war ordentlich: ein weißes Eisenbett, eine Kommode, ein Waschbecken aus Marmor, Blumentapete an den Wänden und ein Fenster, das auf den Flur hinausging. Das einzige Zimmer mit einem Fenster nach draußen war das vorne an der Straße. Hier tranken die Mädchen Kaffee und Tee. Dort stand auch ein Sesselchen auf einem Podest. Ich dachte, dass ich mich dort hinsetzen konnte, aber nein, das war für das Mädchen, das am längsten im Haus arbeitete. Die anderen Mädchen mussten zum Anschaffen draußen auf dem Bürgersteig stehen. Jede hatte ihren festen Platz, von dem aus sie versuchte, die Kunden zu verführen. Ich stand links neben der Haustür.

An meinem ersten Abend war ziemlich viel los an der Gracht. Glücklicherweise waren viele nette Männer darunter. Einige kamen nur zum Reden und bezahlten mich trotzdem. Sie wussten genau, wer neu war.

Ich hatte um halb acht angefangen. Um zehn Uhr kam Willem. »Wie viel Geld hast du?«

Ich sagte: »Drei Mal darfst du raten! Schon hundert Gulden!«

Das haute ihn fast um. »Das is ne Menge Kohle! Am besten gibst du's gleich mir, dann kann nichts damit passieren.«

Ich gab ihm das Geld und schwupps, weg war er. Auf dem Weg in die nächste Kneipe, um dort den großen Helden zu spielen.

Bis ein Uhr habe ich noch prima verdient, dann bin ich mit einem gut gefüllten Geldbeutel nach Hause gefahren.

So was macht meine Schwester nicht!

Martine, 1964

Es war *das* Gesprächsthema in der Familie, eine regelrechte Sensation! So etwas hatte es noch nicht gegeben. Ich lag im Annapaviljoen, der gynäkologischen Abteilung des Krankenhauses Onze Lieve Vrouwe Gasthuis, und hatte gerade mein erstes Kind geboren, als sie es mir erzählten. Zuerst druckste meine Familie noch herum, und ich verstand nur Bahnhof. *Was* sollte mit Louise los sein? Dann rückten sie endlich raus mit der Sprache: »Deine Schwester arbeitet als Hure auf De Wallen.«

Das konnte ich nicht glauben. Sie arbeitete doch in einer Bar? »Das ist nicht wahr«, sagte ich nüchtern. »So was macht meine Schwester nicht!«

Es war schrecklich, all die Kommentare über sie mit anhören zu müssen, all die Beleidigungen. Das machte mich ganz traurig. Niemand achtete mehr auf mich und mein frisch geborenes Baby, und es war kein Wunder, dass ich Bluthochdruck bekam. Alle bedrängten mich, etwas zu tun – als ob ich etwas daran hätte ändern können. Was sollte ich denn machen? Louise führte ihr eigenes Leben. Sie hatte es schon schwer genug mit ihrem ach so feinen Ehemann.

Später habe ich dann mit ihr geredet. Aber da war alles schon unter Dach und Fach. Sie arbeitete bereits seit Monaten im horizontalen Gewerbe. »Ich verdien da gutes Geld, und ich muss das ja auch nur zwei Jahre lang machen«, sagte Louise.

Sie erzählte außerdem, dass sie in dem Bordell eine Putzfrau brauchten. Ich konnte etwas zusätzliches Geld gut gebrauchen. Morgens, wenn das Bordell geschlossen war, arbeitete ich dort für ein paar Stunden. Ich fand das sehr aufregend, und putzen konnte ich gut. Man war sehr zufrieden mit mir, und ich war froh über die zusätzlichen Einnahmen.

Zu Anfang war es ein bisschen unheimlich. Draußen liefen die Männer vorbei und waren spitz. Sie wollten es gern mit der Putzfrau treiben. Vor allem wenn ich auf einer Leiter stand und die Fensterscheiben putzte, erregte ich viel Aufsehen. Sie umschwirrten mich wie Motten das Licht und fragten: »Darf ich zu dir reinkommen?« Wenn sie mitbekamen, dass ich es noch nie für Geld gemacht hatte, wurden sie erst recht heiß. Es gibt Putzfrauen, die knicken bei einem guten Angebot ein. Oft kommen sie auf diese Weise rein ins Business. Ich aber lief schnell zur Straßenbahn und fuhr zurück nach Osdorp, einem ruhigen Wohnviertel am Stadtrand von Amsterdam, wo ich damals mit meiner jungen Familie wohnte.

Aber dann kamen schlechte Zeiten fürs Baugewerbe. Jan hatte keine Arbeit mehr, und für uns wurde es schwierig. Die Bauarbeiter streikten und gingen alle zusammen zum Dam, um zu demonstrieren. Es endete mit Krawallen. Zum Glück kam Jan mit heiler Haut nach Hause. Aber finanziell saßen wir in der Patsche.

Eines Abends sagte er zu mir: »Kannst du nicht auch was dazuverdienen, da wo deine Schwester arbeitet?«

Ich sagte: »Bist du vollkommen übergeschnappt? Damit fang ich erst gar nicht an.«

Wir wurschtelten uns noch ein halbes Jahr lang durch, aber dann dachte ich: Ach, sei's drum. Ich versuch's mal. Zu Hause hing der Haussegen sowieso schief, weil wir ständig über Geld streiten mussten, und ich sah natürlich, dass Louise dort gut verdiente. Ich war aber nicht neidisch auf ihr Geld, denn sie schenkte mir viel und half, wo es ging.

Ohne meine Schwester wäre ich nie auf die Idee gekommen, ins Rotlichtmilieu zu gehen. Durch sie war der Schritt für mich nicht mehr so groß. Man verurteilte Louise, weil sie als Freudenmädchen arbeitete, und mich als ihre Zwillingsschwester verurteilte man sowieso gleich mit, egal, was ich machte. Das empfand ich jedenfalls so. Also hörte ich mich mal vorsichtig um, wie das so ging und was man genau tun musste.

Louise schöpfte sofort Verdacht. »Hast du etwa was vor?«, fragte sie streng. »Das machst du auf keinen Fall, verstanden?«

Aber ein paar Wochen später wurde im gleichen Bordell ein Zimmer frei, und es ist dann doch dazu gekommen. Ich stellte mich den anderen Frauen vor und wurde für ein Zimmer eingeteilt. Sie fingen sofort an, mir allerlei Tipps zu geben, viel zu viele auf einmal. Und dann musste ich raus auf die Straße. Es ging gut. Aber nach einer Weile hatte ich genug und wollte schnell nach Hause.

»Jetzt schon?«, fragten die Mädchen.

»Ja, ich nehm die Straßenbahn.«

Da haben sie mich ausgelacht.

»Nimm doch ein Taxi«, sagte Louise.

Aber dafür war mir das Geld zu schade. Ich wollte ganz

normal mit der Straßenbahn nach Hause fahren. Louise brachte mich zur Haltestelle. »Das nächste Mal nimmst du aber ein Taxi«, sagte sie.

Zu Hause angekommen sagte Jan, er hätte mich am liebsten da weggeholt. Hättest du es doch getan, dachte ich. Aber er hatte sich nicht blicken lassen.

Ich arbeitete abends, an sechs Tagen in der Woche. Wir mussten viel verändern und neu organisieren. Wir mussten früher essen, die Kinder noch baden und bettfertig machen. Danach ging ich zur Arbeit.

Pa und Ma hatten es schnell spitzgekriegt. Normalerweise kam ich jeden Tag bei ihnen vorbei, und auf einmal hatten sie mich eine Woche lang nicht mehr gesehen. Als ich dann zum ersten Mal wieder vorbeikam, musterte mich meine Mutter von Kopf bis Fuß. Oh je, die weiß was, dachte ich. Aber sie schwieg. Wir taten, als wäre nichts. Wir haben nie wieder darüber gesprochen.

Kinder

Louise, 1963

Ich hatte mit Willem vereinbart, dass er auf die Kinder aufpassen sollte, wenn ich abends arbeitete. Aber Willem hatte schon bald einen großen amerikanischen Schlitten, einen Thunderbird, und raste lieber damit über De Wallen. Damit ihn auch ja keiner übersah! Später hörte ich aus vertrauenswürdiger Quelle, dass er schon mehrmals in dem Wagen gesehen worden war, die Rückbank voller hübscher Weiber. Ich dachte: Das darf doch wohl nicht wahr sein? Lässt der Dreckskerl etwa die Kinder allein? Das ist doch gefährlich!

Am nächsten Tag erzählte mir die Nachbarin, dass sie die Kinder herumlaufen und weinen gehört habe. »Ich habe die ganze Nacht ein Auge drauf gehabt.«

Da habe ich Willem gedroht, ich würde sofort aufhören zu arbeiten. Der hatte natürlich mal wieder eine gute Ausrede parat. Es lag nie an ihm. »Mach dir keine Sorgen, Loes, du machst das bloß zwei Jahre, und dann hörste auf. Dann sind die Kinder wieder gut versorgt, und wir können was anderes machen, unser eigenes Ding hochziehen.«

Ich glaubte Willem kein Wort und dachte: Ich muss mit jemandem reden, der sich auskennt. Es ließ mir keine Ruhe. Da erzählte ich Leen, meiner Chefin, dass Willem die Kinder allein zu Hause ließ. Leen hatte Verwandtschaft in Nigtevecht, etwas außerhalb von Amsterdam. Da wohnten Kinder von Frauen aus dem Rotlichtmilieu. So konnte man der Vormundschaftsbehörde zuvorkommen, denn früher wurden den Prostituierten die Kinder ohne Pardon weggenommen. Das war meine größte Angst. In Nigtevecht wurde gut für meine Kinder gesorgt.

Leen machte für uns ein Treffen aus. Willem und ich fuhren gemeinsam hin. Das Haus hieß *Villa aan de Vecht*. Es war eine tolle Umgebung für Kinder: Ruhe und viel Platz, ein Obstgarten und viele Tiere. Leider konnten nicht alle drei zusammenbleiben. Die Älteste kam bei Tante Anne und Onkel Jaap unter und die beiden Jüngsten bei Tante Jo und Onkel Gerrit. Ich besuchte sie jede Woche, das Auto mit Geschenken vollgeladen.

Aber aus dem »noch zwei Jahre arbeiten, und dann kommen die Kinder wieder zurück« ist nichts geworden. Monsieur hatte nie genug Geld. Ich musste sehen, wie ich zurechtkam. Er ließ uns einfach im Stich.

Die neun Jahre, die wir verheiratet waren, waren neun Jahre Elend und Scherereien. Nach der Scheidung und viele Irrwege später konnte ich den Kindern endlich wieder ein Zuhause bieten. Ich hatte endlich eine eigene Wohnung in der Sloestraat, in Amsterdam-Zuid, bei meinen Eltern um die Ecke.

Kondom-Gewurschtel

Martine, 1965

Aller Anfang ist schwer. Ich bekam das Zimmer unter der Treppe, die so steil wie eine Hühnerleiter war, und eine Menge Anweisungen: Einstiegspreis zwanzig Gulden. Wenn er drin ist, sofort bezahlen lassen. Auf keinen Fall ausziehen und auf jeden Fall stehen bleiben. Sofort versuchen, mehr Geld rauszuschlagen. »Gleich nah rangehen, direkt auf Tuchfühlung. Du musst ihm den Himmel auf Erden versprechen, aber dafür so wenig wie möglich machen. Und immer was berechnen, für jedes Extra wird gezahlt.«

Das war gar nicht so einfach. Mein allererster Kunde war ein Amerikaner. Louise blieb im Zimmer, um mir zu helfen. Das war ihm natürlich mehr als recht. Ich wurschtelte mir mit dem Kondom einen ab, und als ich es endlich drumhatte, kam er schon. Zum Glück durfte ich das Geld behalten.

Kondome kaufte man früher nicht einzeln verpackt und in netten kleinen Schachteln, sondern in Tüten und in großer Stückzahl bei einem Hausierer, der von Tür zu Tür ging. Am nächsten Tag wurde mir sofort klar, warum man besser immer einen ausreichenden Kondomvorrat im Zimmer haben sollte. Ich hatte einen großen Kerl mit dunklen Haaren bei mir. So einen Angeber, der mit Gold behangen war wie ein geschmückter Weihnachtsbaum.

»Erst zahlen, bitte«, sagte ich.

Er zahlte, aber mir war die Sache nicht geheuer. Ich ging raus auf den Flur und legte das Geld unter den kleinen persischen Tischteppich, der auf der Kommode lag.

Als ich wieder ins Zimmer zurückkam, sagte mein Freier: »Soll ich dich mal eben nen Kopp kleiner machen?«

»Dann mach aber schnell«, konterte ich, »dann haben wir's hinter uns.«

Ich hatte keinen blassen Schimmer, was das sollte, aber er hatte bezahlt, also machte ich weiter. Ich zog ihm ein Gummi drüber, aber er fummelte daran herum. Er wollte ohne, nur um mich zu ärgern. Ich musste mich beherrschen, um nicht mit ihm zu streiten, aber ich blieb freundlich. »Leg dich schon mal hin«, sagte ich.

Er blieb stehen. Er hatte bereits ganz schön was getankt, das konnte ich riechen. Da drückte ich ihn aufs Bett. Das Bett quietschte und federte. Er meckerte weiter herum und zog sich das Kondom runter. Ich musste ihm immer wieder ein neues überziehen. »Und jetzt hältst du endlich die Klappe«, sagte ich. »Bleib liegen und entspann dich.«

Ich habe es tatsächlich geschafft, dass er abspritzte. Aber Monsieur war nicht zufrieden. Er wollte sein Geld zurück. Ich drehte beinahe durch und rannte aus dem Zimmer. Zum Glück war Louise gerade frei, und die holte Leen, die Chefin.

»Ach, du bist das!«, sagte Leen, als sie den Typen auf dem Bett sitzen sah. »Was fällt dir ein, das Mädchen so mies zu behandeln? Wolltest sie wohl auf die Probe stellen, weil sie neu ist. Da traust du dich! Wenn ich dich hier noch einmal seh, sag ich deiner Ollen Bescheid!«

Er schien ein Zuhälter aus der Gegend zu sein. Es hatte

sich schnell herumgesprochen, dass es bei Leen ein neues Mädchen gab, und die Zuhälter versuchten, dem Bordell die neue Frau abzuluchsen. Ein paar Frauen hatte er sich auf diese Weise schon geholt, erfuhr ich später. Wir zeigten Kampfgeist und beförderten den Taugenichts zusammen mit den anderen Mädchen nach draußen.

Ich hatte die Feuerprobe bestanden.

Hinkebein

Louise, 1964

Ich sah Frits Hinkebein vorbeischlurfen. Frits fehlte ein Bein. Das hatte er im Krieg verloren. Einmal hatte ich Frits gefragt: »Wie ist das eigentlich passiert, dass du dein Bein verloren hast?« Aber es war zwecklos, er wollte nicht darüber reden. Also habe ich ihn damit in Ruhe gelassen.

»Hallo, Frits, geht's gut? Komm rein.«

Er ging voraus ins Zimmer und zahlte, so wie es sich gehörte. Dann nahm Frits sein Bein ab. Es war mit einem Lederriemen an seinem Oberschenkel befestigt, denn zum Glück war da noch ein kurzer Stumpf. Es war ein komplettes Bein, sogar ein Schuh war dran. Frits sagte, das sei praktisch. »Hab ich meine Galosche immer schon an.« Er lehnte das Kunstbein neben das Bett an die Wand.

Der Rest verlief entspannt, und ich achtete nicht weiter darauf, dass er nur noch ein Bein hatte. Aber irgendwann hatte Frits weitere Wünsche und wollte länger bleiben.

»In Ordnung, aber das kostet extra.«

»Okay«, sagte Frits.

»Bezahl später, dann kannst du liegen bleiben.«

Nachdem Frits seinen Spaß gehabt hatte, fing er auf einmal an, über das Geld zu meckern. Er wollte nicht draufzahlen.

»Jetzt stell dich nicht so an, Frits, sei kein blöder Sack.« Ich wurde ziemlich sauer, sprang vom Bett runter, schnappte mir seine Beinprothese und warf sie in den Schrank. Ich schloss die Tür ab und steckte den Schlüssel ein. »Siehste, Frits, so läuft das hier. Erst wird bezahlt, und dann kriegste dein Holzbein zurück. Lass dir meinetwegen Zeit, du kannst es dir in aller Ruhe überlegen. Ich geh dann mal Kaffee trinken.«

Frits maulte noch eine Weile herum, aber dann rief er mich.

»Was gibt's, Frits? Is was?«

»Ich will dir dein Extrageld geben.«

»Bist du dir sicher? Ich will nämlich kein Gemecker mehr, hörst du, du Blutsauger?«

Aber Frits gab klein bei und legte mir das Geld hin.

Ich holte sein Bein aus dem Schrank und gab es ihm zurück. Er schnallte es um und sagte: »Zu dir geh ich nicht mehr.«

»Ja, ja, Frits, das hast du das letzte Mal auch schon gesagt, du Spaßvogel.«

»Du bist gemein. Du hast einfach mein Holzbein weggeschlossen!«

»Und du hast dich hier auch nicht gerade mit Ruhm bekleckert. Tschüss, Frits. Tschüss, Hinkebein.«

Da schlurfte er nach draußen und verschluckte sich fast vor Lachen.

Der Küchenschrank

Martine, 2011

Manche Männer wollen sich gerne in den Küchenschrank setzen. Das geht, wenn ich ihn leer räume.

»Guten Tag, gnädige Frau. Schön, dass Sie schon da sind.«

»Möchten Sie Kaffee?«

»Gern.«

»Ich mache schnell neuen. Fangen Sie ruhig schon mal an.«

Er zieht sich aus und legt seine Klamotten ordentlich gefaltet auf den Stuhl.

»Ich würde mich gerne in den Küchenschrank setzen.«

»In Ordnung.« Ich räume ihn leer und schiebe den Mann hinein, splitterfasernackt.

»Wie lange darf ich drinbleiben?«

»Je länger, desto besser. Solange Sie bezahlen … Und fangen Sie ruhig schon mal an, sich einen runterzuholen.«

»Ich mag es, ganz feste zu rubbeln. Und dann sehe ich Sie vor mir, in meiner Fantasie. Auch wenn ich bei der Arbeit bin, kommen Sie in meinen Fantasien vor.«

»Dann fangen Sie mal an zu rubbeln.«

»Jawohl, gnädige Frau. Das ist schön, gnädige Frau.« Er ist so groß, dass er vollkommen eingezwängt im Küchenschrank hockt, seine Stirn gegen die Spüle gedrückt. Ich schiebe die Türen zu und warte. Ab und zu trete ich kräftig gegen die Schranktür.

Dann sagt er: »Ja bitte?«

»Ich wollte nur wissen, ob Sie noch da sind?«

»Jaha.«

»Und? Kommen Sie voran?«

Er antwortet nicht mehr.

»Wenn du nicht abspritzt, jag ich dich raus auf die Straße, nackt, wie du bist. Dann kannst du dir zu Hause einen runterholen.«

Ich schiebe die Tür einen Spalt weit auf und sehe mir das Riesending in seiner Hand an. »So ist es gut. Und jetzt spritz ab, denn die Küchenschrankparty ist gleich zu Ende.«

Kuckuck

Louise, 1964

Lea rief mir zu: »Hinter dem großen Baum steht dein Kunde und schaut zu uns rüber. Soll ich ihn holen?«

»Nein lass, ich geh schon.«

Ich ging raus auf die Straße. »Wen seh ich denn da? Kuckuck, Gerrit, ich hab dich gefunden.«

»Kuckuck!«

»Jetzt hab ich dich aber. Abschlag Gerrit. Du bist raus. Ich hab gewonnen, ätsch, und nicht du. Komm mit rein, dann spielen wir weiter Verstecken.«

Wir gingen auf mein Zimmer, und Gerrit versteckte sich sofort hinter dem Sessel und rief: »Marie, such mich doch!«

»Ja, ich such dich ja schon, aber wo steckst du nur? Gerrit? Ich find dich nicht.«

Ich sah hinter dem Sessel nach, aber da war er nicht mehr. »Kuckuck, kuckuck. Gerrit, wo bist du?« Ich sah unter dem Bett nach, aber auch dort war er nicht.

Da hörte ich: »Marie, such mich doch! Kuckuck.«

Die Tür vom Kleiderschrank stand einen Spaltbreit offen, und Gerrit beobachtete mich durch den schmalen Schlitz.

»Kuckuck, Marie, ich hab was Schönes für dich hier im Schrank.«

»Oh ja? Was ist es denn?«

Ich ging zum Schrank, und Gerrit sagte: »Ich habe einen prächtigen steifen Kuckuck für dich.«

»Also sag mal, Gerrit! Das ist ja großartig!«

»Du musst genau hinsehen. Pass auf! Gleich zaubere ich den Kuckuck für dich fertig.«

Hokuspokus Fidibus – und Gerrit kam. Zaubertrick gelungen!

Der Fensterputzer

Martine, 2011

Ein Fensterputzer geht die Straße entlang. Er ist ein kräftiger Bursche, typisch holländisch: groß, blond, blaue Augen. An seinem Blick erkenne ich, dass er reinkommen will. Treffer!
Er sagt: »Ich werde erst die Fenster an der Rückseite des Hauses putzen. Von innen.«
Er geht ins hintere Zimmer, in dem das Bett steht, lehnt seine Leiter an den Fensterrahmen und sagt: »Wenn du die oberen Fenster putzt, dann fange ich mit den unteren an.«
Während Piet Wasser in den Eimer laufen lässt, steige ich vorsichtig auf die Leiter. Er reicht mir den Schwamm, und ich putze fröhlich drauflos, sodass das Wasser nur so spritzt. Er umfasst mich zärtlich und fängt an, mich zu streicheln.
»Ich möchte, dass du auf der Leiter stehen bleibst, wenn wir es machen.«
»Na, Piet, dann lass uns mal schön üben auf der Leiter.«
Erregt steigt Piet ein paar Sprossen hoch und drückt sich von hinten an mich.
»Oh, pass auf, Piet. Sonst fall ich noch.«
»Gut festhalten, Marie.«
»Wo ich doch schon eine gefallene Frau bin!«, sage ich kichernd.

Zum Glück ist die Leiter gut zwischen Bett und Fensterrahmen eingeklemmt. Piet genießt es in vollen Zügen. »Das geht doch prima, nicht wahr? Ach, das ist toll auf der Leiter. Das wollte ich schon immer mal machen. Manchmal, wenn ich beim Fensterputzen durch ein Schlafzimmerfenster gucke und sich gerade eine Frau anzieht, wünsche ich mir, sie würde auf der Leiter stehen.«

Es dauert nicht lange, und Piet kommt.

Jetzt noch alles trocken wischen und aufräumen. Mit dem Schrubber gehe ich auch noch schnell über den Fußboden.

»So, Piet, dann vergiss mal deine Leiter nicht.«

Gardinen vorm Fenster

Louise, 1964

Es war Anfang der Woche, und ich war in bester Stimmung fürs Anschaffen. Nächsten Montag sollte ich für zwei Wochen mit Willem in den Urlaub fahren, also musste zusätzliches Geld reinkommen. Monsieur brachte mich zum Voorburgwal und sagte: »Tschüss und Masseltoff!«

Als ich aus dem Auto stieg, sah ich vor dem Fenster eine Gardine hängen. Da sieht es heute aber merkwürdig aus, dachte ich. Na ja, was soll's. Ich ging in mein Zimmer, um mich umzuziehen. Als ich fertig war, setzte ich mich ins Fenster und zog die Gardine zur Seite. Plötzlich stand ein Polyp vor der Tür. Ich dachte: Was soll das denn jetzt? Ich glaub, mich laust der Affe. Was will denn der Bulle hier? Ich klopfte also an die Scheibe und machte ihm Zeichen, ob er während seiner Dienstzeit auf einen Quickie reinkommen will. Er reagierte aber nicht und blieb wie eine Salzsäule stehen. Da wurde ich sauer und rief: »Hallo du, kannst du nicht ein Stückchen weitergehen? Du versaust mir noch das ganze Business. Ich brauch das Geld, hörst du. Hast du nichts Besseres zu tun, Herr Wachtmeiser? Gehst du jetzt, oder was?«

In dem Moment kam meine Chefin rein und sagte: »Loes, zieh die Gardine mal wieder zu.«

»Was ist denn hier los? Hab ich etwa was verpasst? Warum stellt ihr euch denn heute alle so an?«

»Es gibt eine neue Vorschrift: Im Fenster sitzen ist ab jetzt verboten. Deswegen habe ich die Gardinen aufgehängt.«

»Und warum steht dann der Bulle vor der Tür?«

»Der muss aufpassen, dass wir uns auch dran halten. Wer es nicht tut, muss eine saftige Strafe zahlen, und die schließen den Laden. Das war's dann für uns.«

»Also mich kriegt hier keiner weg! Ich muss doch Geld verdienen – das steckt mir schließlich niemand in den Briefkasten.«

Meine Chefin fragte: »Na gut, aber wie willst du das heute machen?«

»Ich mach einfach weiter! Ich schaffe an«, sagte ich.

»In Ordnung, dann geh ich wieder nach oben. Wenn was ist, ruf mich einfach.«

Die Kerle draußen auf der Straße wurden jetzt erst recht neugierig, und ich bekam besonders viel Aufmerksamkeit. Ich spielte mit der Gardine, bewegte sie hin und her, und bald reagierte ein Kunde. Er kam zum Fenster und rief durch die Scheibe: »Kann ich reinkommen?«

»Natürlich, komm ruhig.« Mit einladendem Schwung öffnete ich die Tür, zog den Kerl rein und und warf die Tür ebenso schwungvoll wieder zu. Er ging direkt mit auf mein Zimmer.

Er sagte: »Ich heiße Hans. Wie viel kostet es?«

»Bei Marie bist du für den Anfang mit fünfzig Gulden dabei.«

Ich dachte: Ich muss versuchen, den Kunden besonders lange zu beschäftigen, und so gut es geht ausnehmen. Also viel Extras für Extrageld. Dann muss ich mich nicht mit dem Schupo rumärgern, und das Gardinenproblem ist fürs Erste gelöst. Also sagte ich: »Hans, jetzt zu uns beiden. Die Party kann losgehen.«

»Ich will gerne einfach mit dir rummachen.«

»Machen wir.«

Gesagt, getan.

»Das war großartig, Marie. Du machst deine Sache gut.«

»Danke, Hans, immer wieder gern. Bis zum nächsten Mal.«

»Bis zum nächsten Mal, Marie.«

Ich brachte Hans zur Tür, und da stand der Bulle immer noch. Ich dachte: Muss der denn gar nicht mehr nach Hause?

Ich stand wieder hinter der Gardine und lugte nach draußen, als ich meine Chefin rufen hörte: »Loes, komm doch mal eben.«

Ich ging nach draußen und schaute zum ersten Stockwerk hoch. Leen hing aus dem Fenster: »Da ging gerade ein Stammkunde von dir vorbei. Wenn der zurückkommt, schicke ich ihn gleich rein und sage, dass er direkt zu dir durchgehen kann. Lass deine Tür einen Spaltbreit auf, ja? Mit den Kunden zu reden wird ja wohl noch erlaubt sein!«

Und nach kurzer Zeit stand mein Stammkunde Eddie vor mir. »Sag mal, Marie, was macht denn der Schupo da vor eurer Tür?«

»Der is hier für unsere Sicherheit, glaub ich, oder die suchen wen.«

»Doch wohl nicht dich, Marie?«

»Na sag mal, Eddie, wer sollte mich denn schon suchen? Höchstens geile Kunden so wie du, nicht wahr?«

»Aber klar, Marie, du bist mein ganz persönliches, geiles Raufkätzchen.«

»Na dann los! Ich bin bereit.«

»Dann erteile ich dir jetzt Verteidigungsunterricht. Ich greife dich an, und du musst mich besiegen und dich oben auf mich draufsetzen. Dann muss ich mich ergeben und um Gnade flehen. ›Gnade, Raufkätzchen‹, muss ich dann sagen und versprechen, dass ich dich nicht mehr angreife.«

»Geht klar, Eddie.«

Ich musste mich erst mal rantasten. Eddie kam mit weit ausgebreiteten Armen auf mich zu und fuchtelte wild herum. Ich muss ihn sofort packen, dachte ich und stürzte mich auf ihn. Ich nahm ihn in den Schwitzkasten und zog ihn aufs Bett. Dann setzte ich mich auf ihn und sagte: »Fleh um Gnade, Eddie. Los, mach schon!«

»Nein, Raufkätzchen, jetzt noch nicht.«

»Warum nicht, Eddie?«

»Das Raufkätzchen muss Eddie erst noch eine Abreibung verpassen. Hier, hier ganz feste reiben.«

»Oh, das ist es also.«

Und das Raufkätzchen rieb Eddie einem großen Vergnügen entgegen. Eddie räkelte sich noch ein bisschen im Bett herum, dann war er wieder ganz der Alte. Frisch und munter.

»Also, Marie, meine Batterien sind wieder aufgeladen. Bis zum nächsten Mal.«

Mein Tag war für heute erledigt. Noch klar Schiff machen und dann ab durch die Mitte. Morgen würde es dann wieder in alter Frische weitergehen. Ich war gespannt, ob der Schupo dann immer noch vor der Tür stehen würde…

Tja, der Schupo hat sogar noch einige Wochen dort gestanden. Wir waren alle vollkommen genervt. Zum Glück ging er ab und zu ein paar Meter weiter, sodass das Business wieder wie gewohnt laufen konnte. Irgendwann tauchte der Ordnungshüter dann nicht mehr auf, und die Gardinen verschwanden im Schrank. Alles war wieder beim Alten.

Verliebt

Louise, 1963

Auch das kann einem passieren: Man verliebt sich auf De Wallen. Es war Nachmittag, ich war bei der Arbeit und hatte bereits einige Kunden gehabt. Als ich im Vorzimmer stand und gerade einen Kaffee trank, kam ein Prachtbursche vorbei. Er nickte mir zu und ging weiter. Zu schade, dass der mir durch die Lappen geht, dachte ich. Na ja, nächstes Mal. Ich hatte den Gedanken noch nicht zu Ende gedacht, da stand er plötzlich vor mir.

»Hallo, Blonde, darf ich mit zu dir?«

»Du immer, mein Zuckerstück!«

Wir gingen auf mein Zimmer, und er gab mir mein Geld. Also kein Grund zur Aufregung. Er sagte, er hieße Onnie.

»Wunderbar. Ich bin die Uli.« Er war ziemlich groß, hatte schwarzes Haar, einen tollen Körper und ein hübsches Gesicht. Alle Achtung, ein heißer Bursche. Einer, mit dem man glatt durchbrennen würde. Ich dachte: Der darf gerne eine ganze Stunde bleiben. Und bumsen konnte der wie ein Weltmeister.

Danach kam Onnie regelmäßig. Er kam auf seinem Moped angebraust, das er immer auf der Brücke vom Oudekerksplein parkte. Von dort aus konnte er direkt in mein

Fenster schauen und sehen, ob ich frei war, und dann, schwupp, auf direktem Wege reinkommen. Und da war mein Prachtbursche schon wieder: Dufflecoat, langer Schal, na dann, Schalom!

Ich merkte, dass mich Onnie ganz kribbelig machte. Wenn er reinkam, vergaß ich die Zeit – ein Unding in meinem Job!

Aber da war nichts zu machen, es fühlte sich für mich einfach gut an. Es wurde innig und persönlich.

Tja, zu der Zeit konnte man nicht einfach mit einem Kerl durchbrennen. Das konnte einem den Kopf kosten. Also wurde es schwierig. Die Zuhälter von damals nahmen das nicht einfach so hin. Ab und zu passierte es trotzdem. Ich kenne einige Mädchen, die mit einem durchgebrannt sind. Die mussten dann aber wirklich ganz weit weg. Einige sind mit einem Yankee Boy sogar bis nach Amerika geflohen.

Na ja, auf jeden Fall: Onnie und ich hatten es gut zusammen. Wir hatten viel Spaß miteinander. Er war wirklich ein feiner Kerl. Irgendwann, nach langer Zeit, kam Onnie plötzlich nicht mehr. Das fand ich natürlich schade, aber auch verständlich. Wahrscheinlich hatte er mit einer Frau was Festes angefangen.

Ich sah ihn regelmäßig im Fernsehen. Das machte mir nichts. Und Jahre später liefen wir uns wieder ab und zu über den Weg. Für mich war da immer noch dieses gewisse Etwas zwischen uns, ein Kribbeln.

Einmal trafen meine Zwillingsschwester und ich Onnie in einer Bar in Amsterdam-West. Er hielt eine Rede, und danach trat ein Sänger auf. Wir grüßten einander und alberten noch etwas herum. Wir hatten immer noch den gleichen Humor. Aber Onnie hatte seinen Anstandswauwau dabei. Sie nahm ihn vollkommen in Beschlag. Da haben wir uns von Onnie, dem Prachtburschen, verabschiedet und die Bar verlassen.

Kleine Bisse

Martine, 2011

»Hallihallo.« Ich öffne ihm die Tür.

»Wenn ich dich höre, kriege ich einen Steifen.«

»Ist er noch steif? Wollt ihr beide dann nicht auf einen Sprung hereinkommen?«

Aber natürlich wollen die beiden das. Er ist ein stämmiger, aufgedrehter Kerl, Mitte fünfzig. So ein »Tänzer«. Er zahlt und zieht sich aus.

»Würdest du sanft in mein Ohrläppchen beißen?«

»Ja«, sage ich. Nicht zu fest beißen und schön vorsichtig sein!, denke ich.

»Oh, das ist wunderbar. Das macht mich ganz heiß. Beiß mich, beiß weiter.« Er keucht ein bisschen. »Würdest du mich auch in meine Zehen und Finger beißen?«

»Natürlich, aber das braucht mehr Zeit. Würdest du mal einen Blick in deinen Geldbeutel werfen?«

»Mit dem größten Vergnügen.« Und er zahlt noch was drauf.

Ich fange bei den Zehen an, und dann knabbere ich an seinen Fingerspitzen. Ganz kleine Bisse. Er genießt jeden einzelnen.

»Jetzt gerne meine Knie. Das ist so herrlich. Würdest du auch an meinem Penis knabbern?«

Solange es beim Knabbern bleibt... Einen blasen mach ich nie, aber beißen... »Aber natürlich. Wenn du mich gut belohnst mit etwas extra *Money, Honey*.«

Gierig greift er erneut nach seinem Portemonnaie, zieht mit großem Schwung ein paar Scheine heraus und überreicht sie mir.

Ich nehme ein Kondom und ziehe es ihm über. Und jetzt wieder kleine, sanfte Bisse.

»Au, das tat weh.«

»Oh, entschuldige!«

»Bitte etwas sanfter, ja?«

»So besser?«

»Ja, herrlich. Das ist wunderbar. Du hast keine Ahnung, wie schön das ist.«

So langsam reicht es mir; mein Kiefer fängt schon an wehzutun. Ich beiße wieder kräftiger zu.

»Oh«, ruft er, »das ist herrlich!« Und er kommt.

»Sieh an«, sage ich erleichtert, »haben wir's mal wieder geschafft.«

Der bequeme Sessel

Louise, 1965

»Komm herein. Hallo, Joris, wie geht es dir?«

»Alles in Ordnung, Marie. Heute bin ich für dich ein bequemer Sessel. Meine Marie soll sich heute nämlich ausruhen.«

»Das trifft sich gut. Ich hatte nämlich gestern eine Party und bin erst im Morgengrauen nach Hause gekommen. Dann komm mal her, du Relaxsessel.«

Joris kniete sich auf den Boden und kroch auf allen vieren auf mich zu. Als er bei mir war, sagte er: »Komm, Marie, mach's dir auf meinem Sessel gemütlich.«

Also nahm ich auf seinem Rücken Platz und entspannte mich. Plötzlich setzte Joris den Sessel in Bewegung, und ich wackelte hin und her.

»Joris, also sag mal, was machst du denn? Ich fall ja beinah von meinem Sessel!«

»Ganz ruhig, Marie, dir passiert nichts. Kommt deine Zwillingsschwester heute noch?«

»Ich glaube schon, Joris. Sie kann jeden Moment kommen.«

»Das ist ja prima. Dann ruf sie schnell herein. Dann kann sie sich auch auf meinem bequemen Sessel ausruhen.«

Da hörte ich Martine schon. Ich ging in den Flur und rief ihr zu, dass sie zu uns kommen solle.

»Hallo, Mollie, geht's dir gut heute?«

»Ja, schon, aber ich bin ein bisschen müde.«

»Das trifft sich gut, denn dann kannst du dich auf meinem Relaxsessel etwas ausruhen.«

Mollie ließ sich, ohne zu zögern, auf Joris vierbeinigem Sessel nieder, und er machte seine Runde durchs Zimmer. Er genoss es sichtlich.

»Marie und Mollie, wie wäre es, wenn ihr es euch beide zusammen auf meinem Sessel gemütlich macht?«

»Machen wir. Aber hast du dann keine Angst, dass du unter uns beiden Schwergewichten zusammenkrachst?«

»Ach«, sagte Joris, »ich kann einiges vertragen.«

»Okay, Joris, bist du bereit?«

Wir setzten uns zu zweit auf Joris' bequemen Sessel, und reihum schaukelten wir hin und her und kitzelten ihn durch. Er bekam vor lauter Lachen kaum noch Luft, und sein Sessel krachte zusammen. Zu dritt lagen wir auf dem Boden und kriegten uns gar nicht mehr ein vor Lachen.

Dann wurde Joris ernst. »Tja, jetzt ist mein Sessel kaputt, ihr verrückten Frauenzimmer!«, rief er. »Und das ist eure Schuld.«

Jetzt konnten wir erst recht nicht mehr aufhören zu lachen. Wir brauchten uns nur anzusehen, und schon prusteten wir wieder los. Wir sagten: »Joris, keine Sorge. Deinen Sessel setzen wir im Handumdrehen wieder zusammen.«

Gesagt, getan! Wir zogen Joris wieder in den Vierfüßlerstand, und ich spürte seinen schönen heißen Johannes. »So, so, was haben wir denn da?«

Wir machten aus Joris wieder einen Relaxsessel, setzten

uns auf ihn drauf und zogen an seinem Johannes. Dann übernahm Joris seine Rute, und da kam er auch schon sehr relaxt.

»Dann geh ich mal wieder«, sagte Joris. »Tschüss, Mollie, tschüss, Marie, dann bis zum nächsten Relaxsessel.«

Die Geschichte von Lex

Martine: Lex ist ein alter Bekannter von Louise und mir aus De Wallen. Er kennt die sündige Meile gut und weiß, wovon er spricht.

Obwohl ich schon seit meinem siebzehnten Lebensjahr ein Besucher des Rotlichtviertels bin, genauer gesagt von De Wallen, habe ich meine Erfahrungen noch nie in Worte gefasst, geschweige denn aufgeschrieben. Aber weil Tine mich darum gebeten hat, werde ich es hiermit tun.

Ich persönlich finde, dass die Freudenmädchen von früher viel mehr Fachwissen besaßen als heutzutage. Platt gesagt: Heute kommt man rein, man zieht sich aus, und dann soll man sich hinlegen und ficken. Und das war's dann auch schon. Und wie ging das früher, sagen wir, Ende der 1960er Jahre?

Also, gefickt wurde da auch, aber erst nachdem man tief in die Tasche gegriffen hatte. Da gab es Damen, die trugen drei Slips übereinander. Man wurde fachkundig ausgenommen – das war ja ein Teil des Spiels. Jede Dame hatte so ihre eigene Spezialität. Liz versohlte einem gern den Hintern. Jasmin mochte Rollenspiele und zeichnete einem mit einem Augenbrauenstift Männchen auf den Schwanz.

In den 1980er Jahren kamen die südamerikanischen Frauen. Erst aus Brasilien und dann aus Kolumbien. Sie waren billiger, feurig und arbeiteten anders als die niederländischen Frauen. Die Sprache war natürlich ein Problem, aber »die Sprache der Liebe« spricht ja jeder. Sie mussten sich gegen die Heroinhuren aus ganz Europa durchsetzen, die in Amsterdam um den Zeedijk herum ihren Körper zu einem Spottpreis anboten. Das war eigentlich das Aus für die glanzvolle Zeit der niederländischen Prostitution. Die Marias, Annas und wie sie alle hießen hatten ab jetzt das Sagen.

Auf diese erste Invasion folgte die nächste. Nach dem Zusammenbruch des Ostblocks kamen die albanischen, rumänischen, jugoslawischen, polnischen und tschechischen Mädchen. Wegen der Sprachbarriere und auch weil sie dich so schnell wie möglich wieder draußen haben wollten, machten sie alles für wenig Geld. Ausziehen, einen blasen, ficken, Orgasmus, anziehen, zur Tür hinausschieben und der Nächste bitte. Fünfzehn Kunden am Tag waren kein Ausnahmefall.

Aber zurück zur guten alten Zeit und den Schwestern vom Oudezijds Voorburgwal, Louise und Martine. Die zuletzt Genannte arbeitet immer noch. Sie sind Zwillinge; man wusste nie, wen man vor sich hatte. Dennoch gab es Unterschiede: Die eine war sachlicher als die andere. Eine hatte sich mehr auf SM spezialisiert. Mit ihnen hatte man immer seinen Spaß. Was das angeht, waren sie absolute Fachfrauen. Schön rassig, das mag ich. Und natürlich waren sie mit den richtigen Attributen ausgestattet. Ich wäre neugierig, wie es wohl wäre, sich mit der anderen Schwester noch mal ordentlich auszutoben.

Warum die beiden besser sind als die anderen? Gute Frage. Eine Fachfrau ist wie ein Spiegel. Sie macht genau das, was dir in dem Moment in den Sinn kommt und was du magst. Sie sitzt wegen des Geldes da, und du gehst zu ihr, um etwas zu machen, das du eventuell zu Hause nicht machen kannst. Weil es sich zu Hause um eine Beziehung handelt und man aus Respekt vor dieser Beziehung gehemmter ist.

Bei einer Frau vom Fach spielt eine Beziehung keine Rolle. Sie gibt dir das, was du dir in deinem geilen Kopf ausgeheckt hast, und zeigt dir gleichzeitig deutlich, welche Möglichkeiten es gibt und welche nicht. Extremere Sachen als SM, Rollenspiele, beim Sex urinieren und anderes ist nicht bei jeder drin.

Ich glaube schon, dass die »sündigen Frauen« ihren Männern treu sind. Früher ging ich zu einer Frau, ich nenne sie einfachheitshalber mal Astrid, die war ihrem Mann treu. Sie hatte eine Tochter und einen Sohn. Aus Jux hatte ich sie einmal gefragt: »Und was machst du, wenn dein Sohn hier vorbeikommt?« Nun, das war ihrer Meinung nach unwahrscheinlich, denn er wohnte nicht in Amsterdam. Bis es eines Tages dann doch passierte. Ihr Verhältnis war dadurch heftig angeknackst. Eine Tragödie folgte auf die nächste. Die Familie hatte jahrelang von ihrer Möse gelebt, aber das zählte jetzt nicht mehr. Ihr lieber Herr Ehemann hatte inzwischen ein anderes Schätzchen gefunden (Astrid zeigte mir die Liebesbriefe, die er von ihr bekommen hatte). Da kann man sehen, was alles passieren kann. Danach hat sie aufgehört zu arbeiten. Die Motivation war futsch.

Viele Damen haben inzwischen aufgehört, unter anderem Astrid, Riek, Jenny, Mar, Ans und Esmee. Oder sie sind nicht mehr unter uns wie Liz, Jasmin und Lena. Oder sie sind in eine andere Stadt gezogen.

Tine macht ihre Arbeit noch immer mit Begeisterung und sorgt gut für ihre Stammkunden. Niemand geht bei ihr weg, ohne noch eine Tasse Kaffee mit ihr getrunken zu haben. Bei einem dieser »Kaffees danach« bat sie mich, meine Erfahrungen aufzuschreiben.

Alle Besucher der »Frauen aus dem sündigen Leben« sollten wissen, dass ein fünfzehnjähriges Mädchen niemals auf die Idee kommen würde, freiwillig Prostitution als Beruf zu wählen. Die rutschen da irgendwie rein. Die eine mit achtzehn Jahren aus wirtschaftlichen Gründen, die andere nach einer gescheiterten Beziehung oder einem anderen Schicksalsschlag. Freiwillig macht das so gut wie keine, auch wenn sich einige Frauen wegen des Kicks oder des schnellen Geldes dafür entschieden haben. Und bald merken: *easy come, easy go*.

Mein Tipp: Zeige Respekt und sei zärtlich zu den Damen. Und bedenke: Wenn es für dich angenehm ist, ist es auch für sie angenehm. Die Belohnung ist eine genussvolle halbe Stunde.

Herzlichen Gruß von Lex aus Amsterdam

Mal eben zwischendurch

Louise, 1965

Theo war um vier Uhr nachmittags an der Gracht angekommen. Er kam aus Groningen und war einer meiner Stammkunden. Wenn er geschäftlich nach Amsterdam musste, verband er das immer mit einem Besuch auf De Wallen.

»Erst der Handel und dann ein Mädchen aus dem Rotlichtviertel«, erklärte Theo dann immer und musste darüber unglaublich lachen.

Ich sagte: »Na klar, Theo, ganz wie du meinst. Und, was steht heute an?«

»Theo möchte heute einfach deine Anwesenheit genießen. Ich möchte dich anschauen, wie du da auf dem Stuhl sitzt, in deinen Stilettos und dem engen Kleid, das deinen Busen so schön betont. Es wäre wunderbar, wenn du ab und zu durchs Zimmer gehen könntest. Und wenn du dann in den Spiegel schaust, mal dir doch die Lippen rot. Prächtig! Oh Marie, du bist so schön und siehst so süß aus! Leg dich ab und zu neben mich, dann kann ich dich zärtlich streicheln.«

Ich legte mich neben Theo, und er liebkoste mich. Er genoss es sichtlich und schlief zufrieden ein. Mir war es egal, er wollte sowieso lange bleiben.

Um halb sieben hörte ich die Tür ins Schloss fallen. Martine ging nach draußen, um anschaffen zu gehen, und hatte schnell Kundschaft an der Angel. Kurz darauf klopfte sie leise an die Tür. »Loes, ich hab hier nen Kunden, der will zwei Frauen. Bleibt deiner noch lang?«

»Ja, der bleibt noch ne Weile, aber das macht nichts. Er ist eingeschlafen. Ich komme.« Und schon schlüpfte ich aus dem Zimmer.

»Und, Tien, wie viel bringt's?« Sie nimmt meine Hand und drückt mir ein paar Scheine hinein. Ich sehe nach, wie viel es ist. »Nicht schlecht, das lohnt sich für mal eben zwischendurch.«

Koos wartete schon ungeduldig in Martines Zimmer auf uns. Er war ein Stammkunde. »Also, Marie«, sagte Koos, »ich habe Lust, erst einmal dich kräftig ranzunehmen und es danach mit Mollie zu treiben.«

Wir machten Musik an und tanzten mit Koos dazu. Das machte ihn ordentlich heiß, und deshalb schwoften wir schnurstracks ins Bett. Koos war schon etwas in die Jahre gekommen, aber wenn es um einen guten, kräftigen Fick ging, legte er los wie ein Achtzehnjähriger.

»Marie, du warst spitze!«

»Du kannst jetzt wieder zurück zu deinem Kunden«, sagte Martine. »Ich werde es mit Koos ein bisschen ruhiger angehen lassen, und dann trinken wir noch einen Genever zusammen.«

Ich ging in mein Zimmer zurück und stellte fest, dass Theo schlief wie Dornröschen und schnarchte wie ein Holzfäller. Ich setzte mich neben ihn aufs Bett und strich ihm übers Haar. Da wurde er wach.

»Hey, Marie, bist du auch noch da?«

»Aber sicher, Theo. Na, dann reib dir mal den Schlaf aus den Augen...«

Ein kleiner Spaziergang

Martine, 2011

Sonntagnachmittag. Ich sitze auf meinem Drehstuhl im Fenster und warte auf Kundschaft. Da steht auch schon ein guter Bekannter vor der Fensterscheibe: Klaas ist in den Sechzigern und immer gut gelaunt. Er kommt schon seit Jahren.

»Hey, hallo, wie geht's? Lang nicht gesehen!«

»Jetzt übertreibst du aber. Das ist doch erst zwei Monate her.«

»Stimmt, Klaas, du hast recht. Aber jetzt wurde es wieder mal Zeit.«

»Ich hab's aber eilig«, sagt Klaas.

Na dann – nichts wie los. »Immer rein in die gute Stube. Dann zeig mal, was dein Zauberstab so kann!«

Klaas ist im Himmel. »Ah, das ist großartig«, sagt er, quatscht aber trotzdem in einem fort über dieses und jenes. Ich werde langsam ungeduldig, denn so wird das nie was.

»Du, ein Stückchen weiter saß eine Zwanzigjährige«, sagt er.

»Tja, bestimmt sehr hübsch.«

»Aber das ist nicht alles, mein Mädchen.«

»Mensch, Klaas, jetzt halt doch endlich mal den Mund. Ich dachte, du hast's eilig?«

»Ja, stimmt auch wieder. Ich muss mich noch mit einem

Freund im Café treffen. Wir fahren nämlich zusammen zurück.«

Klaas macht heute mit seiner Frau und einem befreundeten Ehepaar einen Ausflug nach Amsterdam. Aber als sie im Zentrum angekommen sind, haben sich die beiden Herren vom Acker gemacht. »Geht ihr ruhig schön einkaufen, wir beide machen in der Zwischenzeit einen kleinen Spaziergang.« Er lacht amüsiert.

»Und dein Freund, hat der die gleichen Interessen?«

»Hat er mir nicht gesagt. Aber wenn, dann geht er auch hier irgendwohin. Für ihn ist es jetzt nicht mehr so einfach. Sein festes Mädchen ist nämlich nicht mehr da. Jetzt muss er jedes Mal ne Neue suchen. Das ist nichts für ihn, denn manchmal ist es dann nicht so toll.«

»Tja, das ist schade.«

Klaas, der Geschichtenerzähler, vergisst schon wieder, dass er's eilig hat.

»Jetzt aber los, Klaas, lass uns endlich anfangen. Dann spring mal drauf.«

Klaas gerät regelrecht in Trance. »Hilfe! Gütiger Himmel, Hilfe!«, ruft er, als er kommt. Er hat's noch nicht verlernt, so viel steht fest.

»Oh je, meine Frau und ihre Freundin warten bestimmt schon vor C&A auf uns.« Hastig zieht er sich an. Bevor er zur Tür rausgeht, schaut er erst noch nach, ob nicht zufällig sein Freund vorbeikommt. Denn obwohl sie den gleichen Spaziergang machen, wollen sie nicht wissen, bei welcher Frau der andere gewesen ist.

»Die Luft ist rein«, ruft Klaas lachend und geht.

»Bis bald mal wieder, Klaas!«

»Ich hoff's, Marie, ich hoff's.«

Hinterm Vorhang

Louise, 1967

Im Winter war es ruhig an der Gracht auf De Wallen. Die Einnahmen gingen merklich zurück, und unsere Laune sank ebenfalls. Einige Mädchen versuchten es woanders, meistens in einem Bordell in einem anderen Viertel. Ich fand etwas in der Reguliersdwarsstraat in der Nähe vom Singel und dem Munt-Turm. Es war im ersten Stock. Ich klingelte. Eine Frauenstimme rief: »Komm hoch, die Tür ist offen.« Ich also die steile, schmale Treppe rauf.

Die Frau gab mir die Hand und meinte: »Du suchst sicher ein Zimmer, was?«

»Ja, genau.«

»Na, meine Kleine, dann kannste gleich anfangen.«

Ich dachte: Was ist das denn hier für ein muffiger Saustall? Nichts wie weg! Aber zur Puffmutter sagte ich, dass ich es mal versuchen wolle.

»Wo ist mein Zimmer?«

»Da, vor deiner Nase. Hinterm Vorhang.«

»Dann verstaue ich mal meine Sachen.«

Es handelte sich um ein winziges Zimmer ohne Fenster, nicht größer als ein Familienzelt.

»Kennste die Regeln?«, fragte die Frau. »Fifty-fifty, so läuft das hier.«

»Oh ja? Wie meinen Sie das?«

»Wenn ein Kerl nen Fuffi zahlt, und es is halbe-halbe, dann is es für jeden fünfundzwanzig, kapierste? Und wenn du den Kerl im Zimmer hast und nimmst ihm noch mehr ab, dann gibste mir brav die Hälfte. Sofort bezahlen, bar auf die Kralle. Ich sitz hinterm Vorhang. Verstanden?«

»Ja, Madam.«

Ich ging die Treppe runter, öffnete den oberen Teil der Tür und lehnte mich hinaus. Ich hatte eine gute Aussicht auf die Reguliersdwarsstraat. Eine Menge Volk lief hier herum. Auf der gegenüberliegenden Straßenseite hatte mich bereits ein Kerl im Visier. Ich war gespannt. Da überquerte er auch schon die Straße und blieb direkt vor meiner Nase stehen.

»Guten Tag, junges Fräulein. Darf ich mit raufkommen?«

»Aber natürlich. Kommen Sie herein.«

Er hinter mir her, die Treppe rauf. Die Puffmutter saß in ihrem Ledersessel, direkt vor dem Vorhang. Wir quetschten uns an ihr vorbei.

»Wie heißt du, Mädchen?«

»Mit Amélie langweilste dich nie!«

»Ich bin John. Hier, fünfzig Gulden.«

»Danke, John. Willst du nicht etwas länger bleiben? Dann können wir die Sache was ruhiger angehen lassen?«

»Keine schlechte Idee. Das könnten wir eigentlich machen. Ich habe Zeit satt. Hier sind noch mal hundert.«

Ich schlüpfte wieder zum Vorhang hinaus, um der Madam fünfundsiebzig Gulden zu geben. Sie hing in ihrem Sessel, paffte eine Zigarette und griff sich das Geld. »So, so, Mädchen. Du lässt wohl nichts anbrennen.«

»Von nichts kommt nichts!«

John wollte direkt drauflos, ohne große Umwege. »Amélie, ich habe Lust auf ehrlichen, direkten Sex. Aber die Madam von dir, die guckt doch wohl nicht heimlich zu?«

»Ach, John, die musst du gar nicht beachten. Die ist außerdem einiges gewöhnt. Wenn wir zwei erst mal loslegen, vergisst du alles um dich herum.«

Es ging prima. John zog sich zufrieden an.

»Mensch, Amélie, so toll war's noch nie! Darf ich deine Telefonnummer haben? Dann rufe ich an, wenn ich in Amsterdam bin. Du gefällst mir, bist ein tolles Mädchen.«

Ich gab John meine Nummer.

»Hier«, flüsterte er mir ins Ohr, »hast du noch was extra. Gib nichts der Puffmadam, hörst du! Du machst schließlich die Arbeit, nicht wahr?«

Er drückte mir drei Fünfundzwanzigguldenscheine in die Hand, worüber ich mich riesig freute. »Danke, John, ich kann's gebrauchen.«

»Tschüss, Amélie, ich ruf dich an.« John verschwand hinter dem Vorhang und drückte sich an der Madam vorbei.

Tja, und ich auch mal wieder nach unten, wieder auf Kundenfang. Ich lehnte mich den Rest des Tages zur Tür hinaus und hatte noch drei weitere Kunden.

Insgesamt bin ich anderthalb Wochen dort geblieben, für die Hälfte der Einnahmen und um eine Erfahrung reicher. Aber auf Dauer war es nichts für mich, in einem so schäbigen Verschlag zu arbeiten. Auf De Wallen, mit den anderen Mädchen dabei, machte es mehr Spaß und war lustiger. Da gab es immer was zu lachen.

Ich habe mich also von der Puffmutter verabschiedet – und die konnte es kaum fassen. »Das lief doch prima hier!«

»Tja, kann schon sein, das ist dann schade für Sie, Madam. Tschüss und Masseltoff.«

Kees und Tante Miep

Martine, 2011

Kees liebt Rollenspiele. Jedes Mal denkt er sich etwas Neues aus. Manchmal ist das urkomisch. Heute bin ich Tante Miep, und er ist der unschuldige Nachbarsjunge. Er erklärt:

»Tante Miep ist fünfundsechzig, und ich bin achtzehn. Vater und Mutter sind heute Abend ausgegangen, und ich soll bei Tante Miep, unserer Nachbarin, bleiben. Sie ist schon jahrelang mit Onkel Gerrit zusammen, der ist fünfundachtzig. Tante Miep sagt zu mir: ›Keesje, ich werde deinen Pipimann waschen.‹

Ich weiß nicht genau, was sie meint. Onkel Gerrit ist betrunken und ist zu Bett gegangen, und deswegen bin ich mit Tante Miep allein im Wohnzimmer. Ich bin achtzehn, und Tante Miep macht mich immer ganz nervös.

Sie sagt: ›Komm mal her, dann kann ich deinen Hosenstall aufmachen. Tante Miep möchte ihn nach all den Jahren endlich mal sehen.‹

Also holt sie ihn heraus und fängt an zu fühlen und zu reiben. Und das fühlt sich sehr gut an. Tante Miep reibt weiter, und ich habe einen super Orgasmus. Es ist das erste Mal, dass ich bei einer Frau gekommen bin.

›Das würde ich gerne jeden Tag machen, Tante.‹
›Dann komm morgen wieder, Keesje.‹

›Gern, Tante.‹

Ich laufe schnell nach oben, denn meine Eltern sind nach Hause gekommen.

›War's schön bei Tante Miep?‹

›Ja klar.‹ Und ich erzähle ihnen, dass ich morgen für Tante Miep ein paar Einkäufe erledigen soll.«

Am nächsten Tag geht Kees so schnell wie möglich zu Tante Miep. Was würde wohl heute passieren? Er klopft an der Hintertür, die ist nie verschlossen, und geht hinein.

Tante Miep ruft: »Wer ist da?«

»Ich bin's, Keesje.«

Tante Miep freut sich, ihn zu sehen. Sie knöpft ihre Bluse auf, und heraus fallen zwei riesige Titten. Sie sagt: »Du kannst sie ruhig anfassen.«

Tja, das lässt sich Kees kein zweites Mal sagen. Eifrig fühlt und fasst er alles an. Da schiebt sich die Tante den Rock herunter und zieht auch die große Unterhose aus. So etwas hat Keesje noch nie gesehen. Zwischen Tantes Beinen ist eine riesige Möse mit Haaren. Kees' Pimmel schießt in die Höhe und bleibt kerzengerade stehen. Kees weiß nicht mehr ein noch aus.

»Leg dich aufs Bett«, sagt die Tante. »Oh, was für ein wunderbarer Steifer! Da werde ich mich jetzt mal draufsetzen.«

»Mach ruhig, Tante Miep.«

Sie setzt sich auf ihn und bewegt sich hin und her. »Oh«, sagt Tante Miep, »ich sitze fest im Sattel.«

Sie macht immer weiter, geht auf und nieder. Aber Kees weiß nicht, wie man das nennt.

»Keesje, das nennt man bumsen«, sagt Tante Miep.

»Das fühlt sich gut an«, sagt Kees. »Mach ruhig weiter, Tante, mit dem Rauf und Runter. Oooh, Tante, ich halt das nicht länger aus. Das ist so ein merkwürdiges schönes Gefühl.«

»Ist schon in Ordnung, mein Junge. Entspann dich und lass kommen.«

Und da kommen sie stöhnend alle beide.

»Vielen Dank, Tante Miep.«

»Gern geschehen. Aber jetzt heißt du nicht mehr Keesje wie ein kleiner Junge, sondern Kees wie ein großer!«, sagt Tante Miep.

Offizierin Bosshardt und »Toos«

Louise, 1965

Ende April. Es war Wochenende, und wir wollten zusammen mit fünf anderen Mädchen Kaffee trinken. Die anderen waren Dollie, Mollie, Trees, Alie und Bep. Sie kamen zu mir ins Vorzimmer, wo das große Fenster war und mein »Thron« stand. Die Stimmung war ausgelassen, wir erzählten und rissen Witze. Da sahen wir Offizierin Bosshardt von der Heilsarmee mit festem Schritt vorbeimarschieren, zusammen mit einer Frau, die sich bei ihr eingehakt hatte. Wir riefen: »Oh, die Heilsarmee. Mädels, habt ihr schon was für die Sammelbüchse verdient?«

»Aber selbstverständlich«, rief Trees. »Ich hab heute schon die Beine breit gemacht.«

Das war auch gut so, denn da kam bereits die Frau Offizier mit großem Elan hereinspaziert. Zusammen mit ihrer Kollegin, wie wir da noch annahmen.

»Guten Abend, meine Damen. Alles in Ordnung hier?«

Und wir im Chor: »Na ja, Frau Offizier, wir sind noch immer in Erwartung dessen, was da kommen möge. Dürfen wir uns Ihre Sammelbüchse vielleicht mal ausleihen?«

Die Frau Offizier grinste, und wir sagten: »Das wird schon noch werden heute. Da draußen laufen genügend gut gefüllte Portemonnaies herum.«

Dann sagte Offizierin Bosshardt wieder in ernstem Ton: »Ich wollte euch eigentlich eine gute Freundin von mir vorstellen, eine ›aus dem Leben‹. Also quasi eine Zivilistin. Ist das in Ordnung?«

»Aber natürlich, Frau Offizier. Da brauchen Sie doch nicht zu fragen.«

»Sie ist nämlich neugierig, wie es hier so zugeht.«

»Wie meinen Sie das?«, fragte Alie.

»Na, dann mal her mit den Fragen«, sagte ich.

Die Freundin stellte sich vor. Sie hieß Toos, sagte sie.

»Also ich bin Dollie, und die da ist Mollie. Das ist Trees.«

»Ich bin Alie.«

»Und ich bin Bep, angenehm.«

Das Eis war gebrochen, und Toos fragte mich: »Ich habe gesehen, wie Sie hier im Fenster saßen. Aber wo ist Ihr Zimmer?«

»Dann komm mal mit, Toos, ich zeig es dir.«

Und sie ging mit mir in mein Arbeitszimmer. Toos schaute sich nachdenklich um. Im Zimmer stand ein Ölofen, der gemütlich vor sich hin stank und qualmte. In den 1960er Jahren war das ganz normal, damals gab es noch keine Zentralheizung. Ansonsten stand da noch ein ziemlich niedriges Einzelbett, so ein Trampolinbett, in dem man immer viel zu tief einsank. Und noch ein Schminktischchen, ein Waschbecken und ein Wandschrank. Das war's.

Dann fragte Toos auf einmal: »Wenn ich einen Freund hätte, und der würde wollen, dass ich für ihn als Prostituierte arbeite, sollte ich das dann ihm zuliebe tun?«

Die anderen Mädchen hatten Toos' Frage auch gehört und riefen: »Wenn Sie genug Kohle zum Leben haben, auf keinen Fall!«

Ich dachte: Was ist das für eine komische Frage? Toos ist doch eine Freundin von Offizierin Bosshardt? Vielleicht hatte sie die Offizierin sturzbetrunken von der Straße aufgesammelt, und sie hatten sich angefreundet? So eine Chance wird Toos aber doch wohl nicht wegen eines halbseidenen Zuhälterfreundes über Bord werfen? Und schon gar nicht, wenn Toos, wie sie sagt, keine Ahnung vom Gewerbe hat. Weswegen hatte Toos also ihre Freundin, die Frau Offizier, gefragt, ob sie zusammen diesen Ausflug machen könnten? Und dann auch noch zusammen ein Bordell besuchen und mit den Damen sprechen? Na ja, sie sind also zusammen losgezogen und hier gelandet. Frau Offizier hat wohl speziell unser Bordell ausgewählt, weil es hier an der Gracht etwas ruhiger ist.

Nun denn, alle Mädchen waren sich einig, dass Toos auf keinen Fall anschaffen gehen sollte. Sie fanden, Toos habe die natürliche Ausstrahlung einer Landpomeranze und sei bestimmt viel zu behütet aufgewachsen. Wir sagten ihr, dass sie gut aussähe wie eine gesunde Bäuerin.

Dann wurde natürlich auch herumgewitzelt: »Ich könnte mir vorstellen, dass sie bestimmt für einen Haufen Männer sehr attraktiv ist.«

»Eine stattliche, dralle Schönheit. Schöne, kräftige Beine. Also wenn ihr mich fragt, ist Toos hier goldrichtig.«

»Sie kann gleich anfangen!«

»Willst du mich vertreten, Toos? Ich mache zwei Wochen Urlaub.«

»Aber die schwarze Brille und das Kopftuch musst du weglassen, wenn du anschaffen gehst. Das steht dir überhaupt nicht!«

Im Beisein von der Offizierin und Toos alberten wir noch eine Weile herum, bis wir auf einmal innehielten und erst uns ansahen und dann eine nach der anderen zu Toos hinüberschauten. Es wurde immer stiller im Raum. Und auch mir kamen langsam Zweifel in Bezug auf Toos. Diese merkwürdige Männerbrille auf ihrer Nase. Auf einmal dachte ich: Die trägt eine Perücke mit einem Kopftuch drüber! Ich stupste meine Schwester an und flüsterte: »Hol mich der Teufel! Ist das etwa Prinzessin Beatrix?«

Beatrix hatte sich durch ihr gutes Benehmen und ihre Verkleidung verraten. Sie hätten nicht so lange bei uns bleiben sollen.

Offizierin Boshardt bekam kalte Füße und blies zum Abmarsch. »Toos, es wird höchste Zeit. Wir müssen weiter.« Sie bedankten sich bei uns, und als sie gingen, riefen wir zum Abschied im Chor: »Nicht für den Macker schuften gehen, hörste, Toos? Dann lässt der dich vielleicht Tag und Nacht malochen, und wenn du dich weigerst, dann brauchste zwei Brillen auf einmal für deine blauen Veilchen. Sag dem Zuhälter nen schönen Gruß, der soll doch selber hinterm Bahnhof anschaffen gehen...« Und dann haben wir noch Wetten abgeschlossen, ob Toos tatsächlich Prinzessin Beatrix war oder einfach nur Toos.

Etwa zweieinhalb Monate später ist Offizierin Bosshardt bei jeder von uns vorbeigekommen und hat uns erklärt, dass Toos wirklich und leibhaftig Prinzessin Beatrix gewesen ist. Sie war damals mit einer Untersuchung beschäftigt. Wir fühlten uns ganz schön an der Nase herumgeführt.

»Und wir fanden Toos sooo nett. Aber es war Beatrix.«
»Zu schade, aber was soll's. Das Leben geht weiter.«
»Dann wünschen wir ihr alles Gute, Frau Offizier. Und sagen Sie ihr nen schönen Gruß von den Mädchen aus dem Rotlichtviertel.«

Der Direktor

Martine, 2011

Da kommt ein Bekannter. Er hat's eilig, geht direkt an meinem Fenster vorbei und biegt dann nach links ab. Ich steh schnell auf und guck ihm hinterher, um zu sehen, wohin er geht. Oft dreht er erst mal eine Runde. Ich weiß nie genau, was er machen wird. Ob er hierherkommt oder fremdgeht. Da kommt er wieder. Wir sehen uns an. Er lacht und kommt herein.

Dirkje ist Direktor eines großen Autohauses. Darauf ist er sehr stolz. Er spricht oft über seine Firma, auch jetzt wieder.

»Sehr interessant, mein süßer Direktor, aber jetzt leg dich erst mal hin und entspann dich. Nicht mehr an die Arbeit denken.«

Dirkje legt sich hin, aber sein Gemächt ist weich und schlaff.

»Du brauchst mehr Zeit, sehe ich. Leg doch noch was extra drauf, Dirkje.«

Dirkje antwortet munter: »Ja, gern«, und steht auf, um die Finanzen zu regeln.

»Dann hab ich auch was extra für dich, Dirk.«

»Ja gern, das ist wunderbar. Du bist so sanft, Dollie, ich schmelze dahin. Dann fantasiere ich jetzt mal weiter.«

»Fantasiere mal laut, Dirkje. Komm erzähl.«

»Also, wir sind zusammen im Geschäft. Du suchst dir einen roten Schlitten aus, und dann liegen wir darin und machen rum. Wenn ich die Augen schließe, dann ist es, als wären wir dort.«

Ich sage: »Dirkje, wir liegen gemütlich in dem roten Auto. Nimm deinen Steuerknüppel fest in die Hand und dann fahr ihn ins Ziel.«

Alfa Romeo

Louise, 1966

Es war Samstagabend, und die Mädchen aus unserem Puff hatten sich verabredet. Sie wollten für ein paar Stunden hier im Viertel zusammen ausgehen in ein Café in der Warmoestraat. »Loes, kommst du auch mit was zwitschern?«

»Nein, Willem holt mich heute um eins ab, und ich muss noch was verdienen, sonst hab ich nicht genug im Portemonnaie für ihn, und dann setzt es was.« Aber ich dachte: Lust hätte ich schon. Sollte ich mitgehen? Die Mädels lagen mir in den Ohren, ich solle doch mitkommen.

»Nächstes Mal komm ich mit, versprochen. Heute passt es nicht recht.«

»Also gut. Wie du willst.«

Dann zogen sie los, die ganze Truppe – ein schönes Bild. »Selbst schuld, Loes. Dann bleib mal schön anschaffen. Tschüss und bis später!«

Sie alberten herum, ihr Gelächter hallte durch die Straße, und dann verschwanden sie Richtung Oudekerksplein.

Ich arbeitete weiter und konzentrierte mich auf das Samstagabendgeschäft. Meine Chefin kam runter und brachte mir was Süßes zu essen.

»Was ist es hier ruhig«, sagte sie. »Haben etwa alle Mädchen Kundschaft?«

»Nein, Leen, die Mädels sind für ne Stunde ausgegangen.«

»Und da du bist nicht mit, Loes?«

»Nein, ich kann nicht. Mein Willem braucht dringend Kohle. Der will sich nen Alfa Romeo kaufen.«

»Hört, hört, noch ne Nummer größer ging's wohl nicht?«

»Ach Leen, einen Vorteil hat es immerhin: Ich darf neben ihm sitzen, wenn er mich bringt und holt. Teures Taxi, was?«

Leen schüttelte nur den Kopf. »Ich geh wieder nach oben. Jan wartet auf mich, wir gehen auch noch kurz aus. Vielleicht begegnen wir ja den Mädchen noch.«

»Gut möglich, Leen. Viel Spaß.«

»Bis morgen, Loes.«

Die Mädchen kamen erst gegen Mitternacht mit dem Taxi zurück. Sie waren bis obenhin voll. Ellie stieg als Erste aus, zusammen mit Benno. Den hatte sie natürlich in der Kneipe getroffen. Ellie wollte noch mit mir quatschen, aber Benno verbot es ihr. Also fingen sie an zu streiten. Als Benno handgreiflich wurde, kam ich von meinem Drehstuhl herunter und schnauzte Benno an. Da wurde der Herr noch wütender. Ellie sollte sehen, dass sie die Treppe hochkam, denn sie wohnten über dem Bordell im zweiten Stock. Aber Ellie war viel zu besoffen, um die steile Treppe hochzusteigen. Bei jeder Stufe verpasste ihr Benno eine, und so prügelte er sie hinauf. Es war nicht zum Aushalten. Unter großem Lärm, zahlreichen Flüchen und mit viel Geschrei wurde sie die zwei Stockwerke hinaufgeprügelt. Schließlich hörte ich, wie oben die Tür mit einem lauten Knall zugeschmissen wurde. Und das war's dann.

Als im Bordell wieder Ruhe eingekehrt war, waren auch

die anderen Mädchen verschwunden. Den guten Vorsatz, nach ihrem Ausflug weiterzuarbeiten, hatten sie über Bord geworfen. Das hieß für morgen dann: Sonnenbrillen tragen. Prima Idee an einem grauen Wintertag! Inzwischen war es gegen eins. Da kam Willem auch schon an. Laut hupend wartete er mit laufendem Motor auf mich. Ich ging nach draußen, warf schon mal meine Tasche ins Auto und sagte: »Hallo, Sportsfreund, komme gleich. Muss schnell noch abschließen, Leen und Jan sind noch nicht zurück. Die sind was trinken.«

»Lass dir Zeit, Loes.«

Fensterläden zu, Tür abschließen. Ich stieg zu Willem ins Auto. »Und? Wie ist es für einen Samstag gelaufen?«, wollte er sofort wissen.

»Nicht schlecht. Hab ganz gut verdient, weil ich allein im Fenster saß.«

»Sehr schön. Dann können wir wieder was für den Alfa auf die Seite legen. Willste noch was essen, Loes? Ein belegtes Brötchen vielleicht? Dann halt ich am Rembrandtplein vor der Frittenbude.«

Ich durfte im Auto sitzen bleiben, und er holte belegte Kadetjes mit Leber und Pökelfleisch. Wir fuhren nach Hause in die Centuurbaan, gingen nach oben in die Wohnung und aßen und tranken was. Und dann haben wir zusammen noch Überstunden gemacht zum Abschluss des Tages. Amen!

Auto-Messe

Louise, 1967

Es war Februar. Bereits um die Mittagszeit herum war De Wallen gut besucht. Die Cafés und Kneipen waren voll. Ich machte meine übliche Runde. Auch in der Snackbar war es gerammelt voll. Es war mal wieder AutoRAI, die jährliche Auto-Messe in Amsterdam, die wie immer viele Männer anzog. Es machte keinen Unterschied, ob sie Bauern oder Geschäftsleute waren, in unser Viertel kamen sie als Männer. Auch wir Mädchen machten keine Unterschiede und waren bereit für den Ansturm.

Viele Männer waren in Gruppen unterwegs. Ich stand gerade mit einer Kollegin im Vorzimmer, als so eine Gruppe vorm Fenster stehen blieb. Sie fragten, ob wir auch kleine Showeinlagen geben könnten und tanzen würden.

Ich sagte: »Aber natürlich, bei uns seid ihr richtig. Dann kommt mal rein. Wer von euch Männern ist der Chef? Der regelt dann das Finanzielle und sorgt dafür, dass sich die Nachbarn nicht beschweren müssen.«

Gilles war der Anführer, und ich regelte das Organisatorische mit ihm. Er zahlte, und dann konnte die Party losgehen. In dem Moment kam Martine, um mit der Arbeit anzufangen. »Wie ich sehe, könnt ihr Hilfe gebrauchen, was? Ich mach mit. Was wollen die Männer?«

»Tanzen und Showeinlagen.«

»Ich hab noch ein paar Haremsklamotten«, sagte Tien.

Also verwandelten wir uns in Haremsdamen, legten passende Musik auf und ließen die Hüften kreisen. Damals, in dem Alter, war das kein Problem für uns; wir waren noch gelenkig wie Katzen. Reihum ging eine von uns mit einem Mann in die Mitte und tanzte. Die Männer machten beim Bauchtanz mit und amüsierten sich köstlich. Manchmal kriegten sie sich vor Lachen gar nicht mehr ein.

»Tja, Gilles, jetzt bist du an der Reihe. Komm in den Kreis!«

Gilles war außer Rand und Band und rief: »Was für geile Haremsdamen! Die Weiber will ich alle vernaschen. Kommt her, ihr wilden Weiber, jetzt geht's ab!«

»Nein, Gilles, das lässt du heute mal schön bleiben«, sagte einer der Männer. »Du bist doch heute unser Anführer, oder? Also komm, dann gehen wir jetzt lieber. Du kannst ja ein andermal zu den wilden Weibern gehen – allein. Wenn du mal wieder einen Tag freibekommst von deiner Ollen.«

Aber da war der Ausbruch von Gilles auch schon wieder vorbei, und er hatte sich beruhigt.

»Also, Männer, es war uns ein Vergnügen. Ihr seid die reinsten Naturtalente im Bauchtanz. Und wenn ihr wieder zu Hause auf euren Höfen seid, dann bestellt Mutter Natur schöne Grüße von den Mädchen aus dem Rotlichtviertel.«

»Ja, ja, das machen wir, versprochen.«

»So ein Tag, so wunderschön wie heute…«, fingen sie lachend an zu summen. »Jetzt gehen wir noch einen heben im Old Sailor am Achterburgwal. Guter Laden. Tschüss, macht's gut.«

Wir blieben zusammen mit einer Kollegin noch einen Moment lang stehen, um wieder zu Atem zu kommen und einen Kaffee zu trinken. Dabei amüsierten wir uns köstlich über unseren frisch gegründeten Harem. »Wir sollten Unterricht nehmen in Haremstanz, hört ihr!«

Lackhöschen

Martine, 2011

Er ist Anfang vierzig, ein freundlicher Mann. Schnell zieht er sich aus.

»Ich habe von Ihnen geträumt. Ich war bei der Gartenarbeit, und da fing es auf einmal an zu kribbeln. Bin schnell aufs Rad gesprungen und hergefahren. Zum Glück saßen Sie im Fenster, sodass ich gleich durchgehen konnte.«

Er umklammerte seine Kleidung.

»Du kannst deine Sachen ruhig dorthin legen.«

»Es wäre schön, wenn Sie die schwarze Jacke aus Lackleder anziehen würden und die Lackschuhe, den Lackrock und den Lackhut. Ich habe nämlich meine Lackhose dabei.«

»Oh, wie schön«, sage ich. »Dann können wir ja zusammen spielen.«

Ich zieh mich um. Er auch. Er kommt zu mir, ganz nah, in seinen schwarzen Lackhotpants. Er streichelt das glänzende Lackleder, und wir tanzen im Kreis. Er liebt es, wenn das Lackleder aneinanderklebt – sein Höschen an meinem Rock und an meiner Jacke.

Auf einmal reicht es ihm: »Ich bin müde.«

»Dann werde ich dir einen Kaffee machen.«

»Wunderbar!«, sagt er.

Er zieht sich wieder um, faltet seine Hotpants ordentlich zusammen und trinkt eine Tasse Kaffee.

»Fertig«, sagt er dann. »Ich fahre zurück in meinen Garten. Bis zum nächsten Mal.«

Der Gartenzwerg

Louise, 1967

Ich stand in der Tür und war auf Kundenfang, als ich den farblosen Gartenzwerg mit seinem roten Schal ankommen sah. Er pfefferte sein Mofa gegen die Hauswand und stürmte auf mich zu. Er hatte eine Plastiktüte bei sich und sagte, ich solle hineinschauen. Ich fragte, warum.

»Na, weil ich Zipfelmützen mitgebracht habe.«

»Was willst du denn mit den Mützen?«

»Setz eine auf! Dann dreh ich ne Runde, und wenn ich zurückkomme und du die Zipfelmütze immer noch aufhast, komm ich zu dir rein. Und wir feiern ein Gartenzwergfest.«

Ich setzte also die rote Zipfelmütze auf. Stand mir ausgezeichnet. Na super, dachte ich, und jetzt stehe ich hier also mit der Mütze und muss auf den geilen Gartenzwerg warten. Aber da kam er auch schon an mit Zipfelmütze und allem. Das Gartenzwergfest konnte losgehen.

Es war ihm vollkommen egal, wo die Gartenzwerge standen. Auf der Straße oder auf dem Balkon, im Garten oder im Park. Im Hausflur oder im Hof, in einer Kleingartenkolonie oder in seinem eigenen Garten, in einem Geschäft oder auf dem Bürgersteig davor. Egal, was er sich vorstellte, es machte ihn vollkommen heiß.

Er packte mich am Arm und sagte: »Du weißt doch, dass ich der fiese, dreckige, gemeine, grobe, versaute Gartenzwerg bin?«

Dass er jetzt ein Gartenzwergfrauchen bei sich hatte, geilte ihn derart auf, dass er regelrecht in Trance geriet. Und während er anfing, sich einen runterzuholen, rief er: »Ich bin der gefährliche, fiese, gemeine, spritzende Gartenzwerg!«

Er sah mich verzückt an und sagte: »Oh Gartenzwergfrauchen, was machst du denn nur? Dein Mützchen ist heruntergefallen.« Er hob die Zipfelmütze vom Boden auf, faltete all seine Gartenzwergkleider ordentlich zusammen und verstaute alles wieder in der Tüte.

»Tschüss, mein Gartenzwergfrauchen. Ich liebe dich!«

Handschuh-Hettie

Louise, 1966

Mitternacht war schon vorbei. Willem sollte mich beim Bordell abholen, aber weit und breit war kein Willem in Sicht. Er war bestimmt wieder irgendwo hängen geblieben. Also beschloss ich, auf ihn zu warten. Aber nur noch eine Viertelstunde, nahm ich mir vor, und keine Sekunde länger!

Ich setzte mich in den Sessel im Vorzimmer. Da kam Hettie rein, ausgeschlafen und frisch zurechtgemacht.

»Hallo, Loes, du bist ja noch da?«

»Tja, kannste mal sehen. Mein beschissener Zuhälter ist mal wieder zu spät.«

»Ach, ich find's ganz schön, dass wir uns mal über den Weg laufen, Loes. Sonst bist du ja immer schon fertig und weg, wenn ich runterkomm.«

Ich hatte das Vorderzimmer nachmittags und abends gemietet, und Hettie benutzte dasselbe Zimmer nachts und morgens zum Anschaffen. Es war das einzige Zimmer, bei dem man im Fenster sitzen durfte. Die anderen Mädchen mussten raus auf den Bürgersteig. Später machten sie aus der Haustür noch ein zusätzliches Fenster. Das war ideal!

»Sag mal, Loes, wie geht's dir und den Kindern?«

»Den Kindern geht's gut. Gesund und munter. Und wie geht's deinen Jungs?«

»Prima, alles in Ordnung.« Ihre beiden Söhne waren genau wie meine Kinder in Pflegefamilien untergebracht.

Hettie hatte sich umgezogen und machte es sich auf dem Stuhl im Fenster, den wir »Thron« nannten, bequem. Sie trug einen kurzärmeligen Rollkragenpullover und lange schwarze Handschuhe, die bis über den Ellenbogen reichten. Ich machte mich darüber immer lustig, aber sie fand die toll. Sobald sie saß, klopfte sie an die Scheibe und winkte majestätisch.

»Du, Hettie?«

»Ja, was ist?«

»Ich wundere mich immer, wie du das mit den langen Handschuhen machst. Musst du die jedes Mal an- und ausziehen? Ohne kommen die Kerle doch schneller. Mit den langen Dingern müsstest du eigentlich das Doppelte verlangen.«

»Seh ich etwa überarbeitet aus, Loes? Ich sag dir mal was, unsere Hettie zieht überhaupt nix aus. *Nada!* Ich behalte alles an, und die Kerle bekommen ordentlich einen runtergeholt mit den langen Klischee-Dingern an.«

»Alles klar, jetzt versteh ich! *You make the cliché handjob.*«

»Genau, Loes.«

»Dann musst du aber immer ein paar Ersatzhandschuhe auf Vorrat haben.«

»Aber klar, Loes. Weißt du, man muss das machen, was am besten zu einem passt.«

»Gute Nummer, Hettie, perfekt.«

»Jedem das Seine. Wo bleibt denn jetzt dein Zuhälter?«

»Ich warte noch zehn Minuten, dann nehm ich mir ein Taxi am Nieuwmarkt.«

»Oh«, sagte Hettie, »da kommt ein guter Bursche an.«

»Deswegen bist du ja hier, Mädchen. Dann verschwinde ich mal lieber.«

Der Kerl also nach drinnen und ich nach draußen. Immer noch keine Spur von Willem. Ich beschloss, zum Nieuwmarkt zu gehen, stieg ins Taxi und fuhr nach Hause. Schnell unter die Dusche und ab ins Bett. *That's life,* und morgen wieder weiter in alter Frische.

Doktorspiele

Martine, 2011

Kees kommt mal wieder vorbei. Diesmal muss ich angezogen bleiben, denn seine Eltern haben ihn geschickt. Er muss nämlich von der Frau Doktor untersucht werden.

»Zieh dich aus, ich muss dich untersuchen.«
»Ganz nackt?«
»Ja, die Unterhose auch.«
»Frau Doktor, was ist das da für ein Ding?«
»Wie alt bist du denn?«
»Siebzehn Jahre.«
Ich untersuche seine Eier. Lasse sie in meiner Hand hin und her rollen. Er kneift sie abwechselnd zusammen und entspannt sich wieder. Auch seine Brustwarzen sind in Ordnung. Jetzt sind wir fertig. Ach nein, doch noch nicht...

»Es ist so merkwürdig, was Sie mit mir machen, Frau Doktor. Ich schäme mich so. Meine Mutter hat gesagt, Sie würden sich nur meine Hände ansehen.«
»Nein, natürlich nicht. Ich muss deinen ganzen Körper untersuchen. Alles muss genau kontrolliert werden.«
»Wie mache ich denn Kinder?«
»Tja, da musst du dir ein Frauchen suchen.«
»Ja? Muss ich dann so hoch- und runtergehen?«

Die Frau Doktor nickt ermutigend.

»Oh, Frau Doktor, was fühlt sich das schön an. Oh, Frau Doktor, das ist herrlich!«

Barrie und der Baumstamm

Louise, 1966

In einer knallengen hellblauen Satinhose und einem zu kleinem Pullöverchen, aus dem meine Brüste herausquollen, lief ich vor der Tür auf und ab. Ich dachte: Dann kommt mal, Männer, ich bin bereit!

Es liefen eine Menge von den »Fragern« vorbei, die nur wissen wollten, wie viel es kostete. Ich wollte endlich meine ersten Scheine machen, aber das Geschäft kam nicht richtig in Gang. Da kam jemand um die Ecke. Das könnte lustig werden; vielleicht fing meine Glückssträhne ja jetzt an.

»Hey, Marie, du siehst ja scharf aus. Zum Bespringen!«

Ich musste lachen. »Und, Barrie, wird es dann eher Weitsprung oder Kunstspringen?«

»Das ist mir schnurzpiepegal, Marie. Hauptsache, ich darf dich bespringen.«

»Dann nichts wie hereinspaziert.«

Ich schloss die Haustür hinter uns, und wir gingen auf mein Zimmer, denn der geile Barrie mit seinem Baumstamm wollte gleich loslegen.

Die ersten fünf Minuten blieben wir stehen, um uns warm zu machen. Barries Baumstamm hatte bereits eine ansehnliche Größe erreicht, und er fragte: »Bist du dem denn überhaupt gewachsen?«

Ich sagte: »Deinen Baumstamm lass ich mir heute sicher nicht entgehen.«

Ich hatte mir vorgenommen, heute nichts auszulassen, denn Willem war mal wieder fremdgegangen und hatte sich mir gegenüber schlecht benommen. Also ran an den Speck. Barrie vögelte gut und ausgiebig – er war ein Geschenk des Himmels. Ich genoss es in vollen Zügen und wurde auch noch dafür bezahlt. Barrie hatte einen schönen und muskulösen Körper, und es war fast, als wären wir *in love*. Wir waren vollkommen ineinander verschlungen, es war traumhaft ... also gar nicht übel.

Langsam kamen wir wieder zurück in die Wirklichkeit. »Hey, Marie«, sagte Barrie, »du warst mal wieder Spitzenklasse. Vielen Dank. Ich könnte sofort noch mal. Hast du noch Lust, Marie?«

»Lust schon, aber die Pflicht ruft, Barrie. Das Brot hab ich schon verdient, jetzt kommt noch der Brotbelag.«

»Verstehe! Dann geh ich mal wieder.« Barrie gab mir einen Kuss und sagte: »Das muss dann fürs Erste reichen.«

Es ist nicht so, wie alle immer denken. Es geht nicht immer nur ums Vögeln auf De Wallen, aber fast immer lassen wir's zusammen so richtig krachen. Mir kann keine, die im Rotlichtmilieu arbeitet, erzählen, dass sie noch nie einen wahnsinnsgeilen Fick gehabt hat. Das passiert einem mit Sicherheit mal. Oh, ab und an ist das ganz wunderbar! Auch wenn wir professionell die Beine breit machen, sind wir aus Fleisch und Blut, oder etwa nicht? Die eine etwas mehr als die andere, aber das ist ja egal. Stell dir doch bloß mal vor, wie das ist, wenn dein Zuhälter es die ganze Zeit mit einer anderen treibt und dabei die Kohle, die du verdient hast, verprasst!

Der Laternenpfahl

Martine, 2011

Bohnenstange kommt mit großen Schritten herein. Ich kenn ihn schon bestimmt seit zwanzig Jahren. Er ist ein langer, magerer Lulatsch.

»Schönes Wetter heute, Marie.«

»Ja, ganz prima.«

Er hängt seine Jacke über den Stuhl und bezahlt. Er sagt, dass er noch alles kann. Und er hat in der Tat einen besonders langen Penis. Vor vielen, vielen Jahren blieb er die ganze Zeit steif, darüber spricht er heute noch.

»Tja, aber das ist vorbei, Langer.«

Er will es einfach nicht wahrhaben, aber er wird es wohl müssen. Sein langer Penis ist schlaff in sich zusammengesackt.

»Ach, Langer, inzwischen geht eben alles etwas langsamer. Aber das macht doch nichts, oder? Wir haben doch den ganzen Tag Zeit. Solange du zahlst, jedenfalls.«

»Nun, ich will durchaus etwas länger bleiben.« Er holt das Portemonnaie aus seiner Jackentasche und zahlt noch was drauf.

»Dann leg dich mal hin und entspann dich.«

Er zieht sich aus und fragt: »Wie findest du ihn eigentlich?«

»Ich finde ihn sehr stattlich, das weißt du doch! Wenn er ganz steif ist, dann spring ich obendrauf.«

»Ich kann's kaum erwarten. Er ist schön, nicht wahr?«

»Ja, dein Schwanz sieht wirklich fantastisch aus.«

»Ist er schon steif genug?«

»Du bekommst den ersten Preis für deinen Laternenpfahl, den lass ich mir heute bestimmt nicht entgehen.«

Zum Glück hat er schon wieder ordentlich an Größe gewonnen.

»Ja, jetzt will ich«, sagt er. »Komm, Marie, ich bin bereit. Und du, mein Großer, enttäusch mich nicht.«

Aber da sackt sein Gerät plötzlich wieder schlaff in sich zusammen. Die Bohnenstange hält ihr schlaffes Teil in den faltigen Händen und schaut es traurig an. »Wie konnte das passieren?«

»Ich hab keinen blassen Schimmer. Geh morgen mal zum Arzt, vielleicht kann der was machen. Kommt Zeit, kommt Rat, Langer.«

Die Bohnenstange murmelt mürrisch irgendetwas vor sich hin. Dann scheint er einen Geistesblitz zu haben. Er sieht mich strahlend an: »Ich könnte ihn auch gleich nach Viagra fragen.«

Die Prozession durchs Rotlichtviertel

Louise, 1966

Es war Samstagnachmittag. Ich hatte ein paar Einkäufe auf dem Albert-Cuyp-Markt erledigt, hatte frisches Suppengemüse und so was gekauft. Dann war ich schnell zu Hause gewesen, hatte die Einkäufe verstaut und meine Sachen fürs Anschaffen gepackt. Dann nichts wie in die Straßenbahn und noch ein kurzer Spaziergang bis zum Bordell. Dann konnte ich mit der Arbeit anfangen.

»Hallo, Loes!«

»Hallo, Mädels! Macht ihr heute auch länger?«

»Wieso?«

»Ich würde mir an eurer Stelle noch nen großen Vorrat Gummiüberzieher kaufen gehen. Heute ist der zweite Samstag im März, schon vergessen? Da ist die Prozession Stille Omgang. Die Katholiken gedenken dem Wunder von Amsterdam von vor ein paar hundert Jahren, und es marschiert ein ganzer Zug fanatischer Gläubiger durch De Wallen und an den Huren vorbei bis zur Oude Kerk, wo sie dann reingehen. Es machen praktisch nur Männer mit! Sicher einige Tausend schieben sich hier vorbei.«

»Du hast recht, Loes. Letztes Jahr bin ich länger geblieben und hab ordentlich was verdient.«

»Na, Alida, wir sind bereit, was?«

Es war ein trüber Tag, ab und an fiel Nieselregen. Trotzdem war schon ziemlich viel los im Viertel.

»Sag mal, Loes, Martine ist heute spät dran, oder?«

»Stimmt. Die musste noch zu nem Geburtstag. Aber sie kommt dann gleich.«

Im gleichen Moment fuhr ein Taxi vor, aus dem Greet unter viel Lärm und Gezeter ausstieg. Ihr bekloppter Zuhälter saß neben dem Taxifahrer, und Greet schrie ihn an, er brauche nicht mehr zurückzukommen. Dann knallte sie die Autotür zu. »Hallo, Mädels, wie läuft's hier denn so?«

»Alles bestens. Was war das denn da gerade mit deinem Richard?«

»Tja, der Suffkopp hat mal wieder mal nen Streit vom Zaun gebrochen. Hab vorläufig genug von dem Schlappschwanz. Der soll sich zum Teufel scheren. Ich hab die Schnauze gestrichen voll.«

»So ist's recht!«, riefen wir johlend im Chor.

»Heute gibt's Männer satt, Greet. Heute ist Stille Omgang.«

»Ah, deswegen ist es so voll in der Stadt.«

Es war schon recht dunkel geworden. Ich saß auf meinem Drehstuhl im Fenster. Alida stand draußen auf dem Bürgersteig, und Greet zog sich um. Und wen hatten wir da? Unser Peterchen.

»Tag, Marie, darf ich schon durchgehen?«

»Natürlich, Peter.«

Er eilte voraus in mein Zimmer; ich erst mal runter von meinem Stuhl.

Peter hatte sich schon ausgezogen und hielt seine Hände hinter dem Rücken versteckt. Er fragte: »Welche Hand willst du, Marie?«

»Alle beide natürlich.«

»Das geht nicht«, sagte Peter und grinste.

Ich bog mich vor Lachen. »Also gut, dann gib mir heute mal die rechte Hand.«

»Bitte schön, Marie.«

Das Päckchen war hübsch eingepackt. Ich machte es auf, und darin war ein hübsches Fläschchen Eau de Cologne 4711. »Danke, Peter. Da freu ich mich.«

Ich schraubte den Flakon auf und versprenkelte reichlich Parfüm im Raum.

Peterchen sagte: »Oh Marie, was riechst du heute wieder gut. Und ich heiße Peter *and smell still better*. Und wenn ich dich so seh, Marie, werde ich davon supergeil.«

»Na, Peter, dann komm her im Nu, Marie, die ist so heiß wie du.«

Peter gab sich übertrieben viel Mühe, und ich sagte: »Alle Achtung, du weißt, wie's geht. Mit dir eine Nummer zu schieben ist Spitzenklasse.«

»Ja, ja«, rief Peter, »gleich komm ich zum letzten Mal, und der Parfümgeruch ist genial.«

Dann lag Peter außer Atem neben mir. Ich gab ihm ein Glas Wasser. Kurz darauf sprang er in seine Klamotten und war wieder fit wie ein Turnschuh. »Dann geh ich mal wieder. Danke, Marie, und bis bald.«

»Tschüss, Peter 4711.«

Ich räumte das Zimmer auf. Mensch, was stank es hier nach dem Parfüm! Ich riss die Haustür auf, um zu lüften, da sah ich Martine, die mit Alida redete.

»Hallo, Tien, da bist du ja schon.«

»Ja, ich hab mich auch schon eingerichtet.«

»Wunderbar. Hast du genug Gummis?«

»Alida hat's mir gerade erzählt.«

Es war schon beinahe Mitternacht, als die Prozession vorbeikam. Der Zug schien kein Ende nehmen zu wollen, so lang war er. Männer, scharenweise. Ich konnte die Prozession von meinem Platz im Fenster aus gut beobachten. Ab und zu verließ eine kleine Gruppe den Zug und verschwand im roten Licht bei den Mädchen. Auf einmal hatten wir alle Hände voll zu tun. Eine nach der anderen verschwand, kam zurück und verschwand wieder. Noch nicht mal ein kurzer Schnack zwischendurch war drin.

Ich hatte Tinus gerade verabschiedet und mich wieder auf meinen Thron gesetzt. Auf der gegenüberliegenden Seite der Gracht zog der Prozessionszug unaufhörlich vorbei. Mir fiel auf, dass sich das Tempo kurz verlangsamte, und tatsächlich, da setzte sich wieder ein Grüppchen ab. Sie hatten das Licht unserer roten Laterne bemerkt. Außer Atem blieben sie vor unserem Freudenhaus stehen. Der Mann mit der größten Klappe sprach uns an: »Seid ihr scharfen Weiber frei?«

»Aber sicher. Dann kommt mal rein. Die anderen heißen Weiber kommen gleich.«

Da kam Greet schon an. Sie ließ einen Kunden raus. »Sieh mal an, Loes, ein Männerquartett?«

»Greif ruhig zu, Greet. Such dir einen aus.«

Greet nahm Joep mit auf ihr Zimmer. Die anderen zwei Mädchen kamen kurz darauf. Jede von uns war wieder besetzt.

Ich nahm Gerrie mit auf mein Zimmer. »Na, Ger, bist du schon den ganzen Tag in Amsterdam?«

»Ja, Marie, wir sind heute Mittag aus Overijssel angekommen. Zu Stille Omgang in die Großstadt Amsterdam.«

»Nimmst du das erste Mal an der Prozession teil?«

»Nein, ich gehe schon zum dritten Mal mit mit meinen Freunden. Wir freuen uns schon lange darauf – klingt irgendwie merkwürdig, nicht wahr? Es ist aber wirklich eine beeindruckende Prozession mit all den Männern. Das hat in unserer Familie eine lange Tradition. Is auch so was wie ein Glaubensbekenntnis. Das, was wir da gerade gemacht haben, war für uns ganz schön aufregend: sich heimlich aus dem Zug schleichen und zu den Mädchen gehen. Jetzt hab ich vom Erzählen noch mehr Lust gekriegt. Mein Johannes bäumt sich kräftig auf.«

»Dann komm mal schnell her. Da weiß ich was...«

Gerrie sprang aufs Bett und rief: »Du geiles Weibsbild, hier bin ich!«

Es gefiel ihm, sich ein bisschen zu balgen. Deshalb stürzte ich mich auf ihn und nahm ihn in den Schwitzkasten. Er zog den Kürzeren und flehte: »Gnade, Gnade! Marie, so hab doch Erbarmen.«

Und schwupps, da kam er auch schon. »Mensch, Marie, das tat gut! Dann geh ich mal wieder. Danke und bis zum nächsten Jahr.«

Die anderen Mädchen waren auch wieder frei und tranken Kaffee.

»Loes, willste auch nen Schluck?«

»Gern.«

Die Geileschwänzeprozession war noch lange nicht zu Ende.

»Macht ihr noch weiter, Mädels? Schwänze satt.«

»Nein, mir reicht's für heute. Nächstes Jahr dann wieder...«

Männerparade

Martine, 2011

Seit Jahren schon nennen wir ihn den »Nippeldreher«. Er läuft hin und her, bis er vor einem Fenster stehen bleibt. Er dreht an seinen Nippeln; nicht nur ein bisschen, sondern richtig fest. Er will wissen, was es kostet – als ob er das nicht schon längst wüsste. Dann geht er weiter zu einem anderen Fenster. Er spielt die Mädchen gegeneinander aus und macht auf dicke Hose. Und da ist er bei Weitem nicht der Einzige. Solche Männer laufen hier Tag und Nacht herum. Kennste einen, kennste alle: »Was kostet es? Oh, ich komm gleich wieder.«

Natürlich kommt er nicht. Dreht aber weiter seine Runden und glotzt einen an. Manche fragen einem regelrecht Löcher in den Bauch. »Dann komm ich mal. Vielleicht schon gleich.« Sie quatschen alle Mädchen an, machen immer weiter. Die meisten Trockenaufgeiler von heute waren auch gestern schon da. Sie traben ihre Runden, immer schön einer hinter dem anderen. Wie geile Hengste bei einer Parade. Manche grasen alle Viertel ab, den lieben langen Tag. Oft nehmen sie ihren Hund mit, so haben sie ne gute Ausrede. Sie tun niemandem etwas zuleide, wenn sie ihre Runden drehen. Ach, solln sie doch! Es füllt die Straße. Die gehören halt dazu.

Aber manchmal sind es richtige Pissköppe. Dann sind sie zu acht oder zehnt unterwegs und quatschen alle an. Oft sind das Touristen oder Jungs von auswärts. Einer reißt das Maul weiter auf als der andere. Und dann lachen sie vollkommen blöd die Mädchen aus – als ob das hier so lustig wäre.

Einer tourt schon den ganzen Tag herum. Er ist so um die vierzig. Da trabt er schon wieder an, der Trockenaufgeiler. Jedes Mal geht er zu dem Mädchen auf der gegenüberliegenden Straßenseite, um ihm zu sagen, dass er nachher zu ihm kommt. Das geht schon den ganzen Tag so, seit zehn Uhr. Jetzt ist es halb sechs. Die können dir echt den ganzen Tag vermiesen.

Es gibt auch die, die an der Tür stehen und lauschen, wenn ein Mädchen Kundschaft hat. »Lauscher« heißen die. Und dann gibt es noch die, die mit dem Rad rumfahren. Die wissen ganz genau, welches Mädchen wo sitzt, und alles über die unterschiedlichen Viertel. Das sind die Besserwisser, die Tratschtanten. Meinetwegen sollen sie doch, wenn es ihnen Spaß macht.

Oh, da kommt der Nippeldreher wieder an. Will sich vor meinem Fenster aufgeilen.

»So, und jetzt ist Schluss mit deiner Lauferei. Los, rein mit dir.«

Er kommt mit rein; er kennt das Ritual: Bezahlen, Jacke ausziehen, Hemd auf. Dann fängt er schon wieder an, an seinen großen Nippeln zu drehen.

»Aber jetzt müssen Sie an meinen Nippeln drehen.«

»Ja gern.« Ich drehe sie fest herum; rechts rum, links rum. »Deinen Lümmel kannste selber rubbeln.«

Es scheint, als würde der heute überhaupt nicht mehr

kommen. Aber dann, endlich. Hab ich heute doch noch einen Trockenaufgeiler erwischt. Mir reicht's für heute. Ich hab genug von den Typen. Morgen dann wieder auf zu einer neuen Männerparade.

Der Choleriker

Louise, 1966

Der Tag fing herrlich an. Willem brachte mir auf einem Tablett das Frühstück ans Bett mit frischem Obst und warmen Brötchen. Dann machte ich mich fertig und war zum Anbeißen. Also wurde ich, wie es sich gehört, im Alfa Romeo zur Arbeit gefahren und vor der Tür abgesetzt.

Auf der Arbeit sorgte ich für bestmögliche Stimmung. Ich scherzte mit den Mädchen herum; wir hatten immer viel Spaß zusammen. Die Chefin kam kurz vorbei, brachte was zu trinken und was Süßes, und natürlich kam sie auch zum Plaudern. Danach zog ich mein Kleid für die Arbeit an und setzte mich ins Fenster. Ab und zu stellte ich mich auch in die Tür. Bis fünf, halb sechs schaffte ich an, dann ging ich im Viertel einen Happen essen. Um halb sieben war ich wieder zurück und machte weiter. Abends hatte ich angenehme und nette Kunden und verdiente gut. Irgendwann fand ich: Genug für heute. Morgen ist auch noch ein Tag. Also nichts wie nach Hause mit einem Schwarztaxi.

Als ich oben in der Wohnung ankam, war Willem noch zu Hause. Er sagte: »Biste jetzt schon da? So früh? Haste denn überhaupt genug verdient? Zeig mal her, wie viel du hast! Nun gib schon her die Kohle! Ich zieh noch was um die Häuser.«

»Gute Idee, noch mal rauszugehen!«, sagte ich. »Wo gehen wir hin? Warte, ich zieh mich schnell um.«

»Was soll das denn heißen? Ich geh allein! Von mir aus darfste mit, aber dann bring ich dich zurück zur Arbeit. Kannste noch was anschaffen gehen. Ich brauch nämlich noch mehr Geld; ich will mit meinen Freunden in den Urlaub.«

Willems Blick war eiskalt. »Also, was stehste da noch rum? Los, komm mit.«

Er wurde brutal, packte mich an den Haaren und zog mich aus der Wohnung, die Treppe hinunter, rein in den Alfa. Er fuhr zum Oudezijds Voorburgwal und hielt vorm Bordell.

»Raus mit dir! Mach dich nützlich.«

Es war inzwischen ein Uhr nachts. Der Herr Zuhälter, herausgeputzt und auf Hochglanz poliert, gab Vollgas und fuhr davon. Da stand ich nun.

Hettie saß im Fenster in ihrem schwarzen Rollkragenpullover und den langen Handschuhen. Als sie mich sah, erschrak sie. »Was ist denn mit dir los? Deine Haare stehen ja zu Berge!«

Ich sah in den Spiegel. Ich sah zum Schreien aus. Und trotz meines Elends lachten wir Tränen.

»Also raus damit, was ist passiert?«

»Mein durchgeknallter Zuhälter hat mich an den Haaren die Treppe runtergezogen und ins Auto gefeuert. Ich soll noch mal anschaffen gehen.«

Hettie hat mir was zu trinken gegeben, und ich bin wieder nach Hause gefahren.

Willem kam im Morgengrauen zurück. Wir sprachen kaum miteinander, und mir war auch nicht danach. Wie sollte ich diesen verrückten Arsch bloß loswerden?

Der ungezogene Sklave

Martine, 2011

Samstag. Habe mich gerade eingerichtet, da sehe ich einen tollen blonden Mann vorbeigehen. So um die fünfzig. Er bleibt vorm Fenster stehen und nimmt alles ganz genau in Augenschein. Ich öffne einladend die Tür. »Guten Morgen. Komm herein.«

»Ich dreh noch ne Runde und komm dann zurück.«

»Ja klar.«

Sie sagen oft, dass sie zurückkommen. Werden wir ja sehen, ob er's macht. Kurz darauf stehe ich im Türrahmen, schaue auf die Straße und tatsächlich, da kommt der Prachtkerl wieder an. Ich muss regelrecht zur Seite springen, so stürmt er zur Tür herein.

»Guten Tag, Herrin«, sagt er.

»Ja, ich bin deine Herrin. Und zuerst wird bezahlt.«

Der Sklave holt sein Portemonnaie hervor. Ich werfe schnell einen Blick hinein, um zu sehen, wie viel drin ist. Genug! Er zieht ein paar Geldscheine heraus. »Ist das genug, Herrin?«

»Nein, das ist nicht genug. Leg noch was drauf.«

»Selbstverständlich, Herrin.«

Dann steckt er sein Portemonnaie wieder ein und zieht das Hemd aus. Hose und Schuhe behält er an.

»Herrin, ich bin ungezogen gewesen.«

»Oh ja? Was hast du gemacht, Sklave?«

»Ich hab für meine Frau das Geschirr nicht abgewaschen, und die Betten hab ich auch nicht gemacht. Da ist meine Frau böse geworden.«

»Zu Recht.«

»Ich bin schnell weggelaufen und so schnell wie möglich zu meiner Herrin gekommen.«

»So, dann werde ich mal meine Peitsche holen. Das wird dich lehren, auf deine Frau zu hören. Ab in die Ecke, Sklave. Mit dem Gesicht zur Wand.« Ich schlage ihn sanft, ab und zu auch etwas fester. Ein paarmal verpasse ich ihm mit der Peitsche einen saftigen Schlag.

»Vielen Dank, Herrin.«

»Gern geschehen, du ungezogener Sklave. Ab jetzt machst du, was deine Frau dir sagt, verstanden?«

»Ich werde mir Mühe geben, Herrin.«

»Das will ich dir auch raten!«

Ich bearbeite ihn wieder mit der Peitsche.

»Oh, wie wunderbar. Sie sind fantastisch, Herrin.«

»Und jetzt dalli, auf den Boden mit dir. Hol die Latte aus der Hose, du unartiger Sklave.«

Er liegt auf dem gekachelten Fußboden. Ich drücke ihm meinen hochhackigen Schuh ins Gesicht und sage: »Und jetzt kräftig rubbeln, Sklave.« Dabei streichle ich ihn mit der Peitsche.

»Oh Herrin, das ist schön.«

Ich lege ihm ein Halsband um. »Auf die Knie, Sklave. Sieh mich an, wenn ich mit dir rede, Kopf hoch. Du gehorchst nicht, du Miststück.« Ich spaziere mit ihm durchs Zimmer, und er bekommt wieder ein paar Schläge mit der Peitsche.

»Oh Herrin, das ist herrlich«, ruft er. »Bitte machen Sie weiter.«

»Ich werde dir schon beibringen, auf deine Frau zu hören.«

»Ich werde versuchen, meiner Frau besser zu gehorchen. Danke, dass Sie das für mich tun.«

»Jetzt hat die Herrin genug. Nimm deinen großen Lümmel in die Hand und rubbel.«

Er nimmt seinen Schwanz, und ich streife ihn ein paarmal mit der Peitsche. Er genießt es und kommt beinahe. Da überlegt er es sich anders.

»Nein, ich hör kurz auf mit Wichsen. Ich will noch nicht kommen. Ich will noch eine Stunde länger bei meiner Herrin bleiben.«

»In Ordnung, Sklave, aber dann musst du noch zuzahlen.«

»Gerne, Herrin.« Der Sklave steht auf, schnappt sich sein Portemonnaie und zahlt. Ich verpasse ihm sofort einen Schlag mit der Peitsche. Und so fängt das Fest von Neuem an.

Mein Yankee Boy

Louise, 1966

Am Wochenende kamen die Yankee Boys scharenweise ins Amsterdamer Rotlichtviertel. Heute würde mein Yankee Boy kommen, Davey. Er war in Deutschland stationiert. Auf dem Nieuwmarkt war Kirmes, und deswegen war viel los auf De Wallen. Es war ein schöner, sonniger Herbsttag, und die ersten Blätter fielen von den Bäumen. Ich dachte: Lasst meinen Yankee ruhig kommen, ich freu mich drauf! Ich merkte, dass ich wie auf Wolken schwebte. Warum auch nicht?

Ich war früher als sonst aus dem Haus gegangen, hatte früh angefangen und mein Geld bereits beisammen. Was mich betraf, stand unserem Treffen also nichts im Wege – wir hatten uns um vier Uhr in der Bar an der Ecke zum Nieuwendijk verabredet. Es war bald so weit, und ich hoffte, dass meine Schwester rechtzeitig zur Arbeit kommen würde, damit ich sie noch sprechen konnte, bevor ich ging. Und da kam sie auch schon angefahren.

»Hallo, Loes, alles in Ordnung?«

»Ja klar, heute sowieso, Tien.«

»Ich weiß schon, heute kommt dein Davey aus der Army.«

»Dir kann ich auch nichts verheimlichen, Tien. Wieso kommst du nicht für ein Stündchen mit? Davey hat einen guten Freund dabei, Mike. Ein netter Kerl und sexy obendrein.«

»Willst du mich etwa in Versuchung führen, Loes? Jetzt mach dich vom Acker. Sonst kommst du noch zu spät zu deinem Rendezvous. Vielleicht komm ich ein andermal mit. Bestell ihnen aber schon mal schöne Grüße.«

»Dann geh ich jetzt, Tien. Tschüss und Masseltoff.«

»Wann kommst du zurück?«

»Weiß ich noch nicht.«

»Du siehst sexy aus, Loes. Das enge Kleid und die Pfennigabsätze stehen dir gut.«

»Und wie findest du meine kurze Lederjacke?«

»Wahnsinnig geil. Du bist zum Anbeißen.«

»Du, Tien, ich glaub, ich hab irgendwie Lampenfieber. Na, das kann ja was werden! Jetzt geh ich aber wirklich. Tschüss, bis heute Abend.«

Da ging ich also auf meinem Weg zum Nieuwendijk. Es kam mir vor, als hätte ich zum ersten Mal eine Verabredung mit einem Jungen. Ich fühlte mich wie in *Teenage Melody*. Ich schwebte in weniger als zehn Minuten zu Davey. Als ich von der Gasse auf den Nieuwendijk kam, sah ich ihn und seinen Freund Mike an der Bar sitzen. Ich also nichts wie rein und flog Davey um den Hals. Wir umarmten uns innig, Davey wollte mich gar nicht mehr loslassen, so sehr freute er sich, mich zu sehen.

»*Hello my love, my everything. How's life, Loes?*«

»Wenn Ei sie ju, everieting is al reit in mei leif, Davey.«

»*I'll give you all my love today.*«

»Mi sitting over hier, okei?«

»*Okay, love.*«

Ich kletterte auf den Barhocker, und Mike bot mir was

zu trinken an. Ich nahm ein kleines Bier. Es war urgemütlich, und im Hintergrund lief gute Musik. Als Elvis *Love Me Tender* sang, hob mich Davey vom Barhocker, und wir schwoften zur Musik. Ich genoss es in vollen Zügen.

Nach gut einer Stunde gingen wir zu dritt ein Brötchen Hollandse Kadetten essen in der Lange Niezel. Davey und Mike liebten diese Brötchen, vor allem mit Kroketten darauf. In den Straßen war viel los, und auch wir hatten Lust auf die Kirmes. Also nichts wie zum Nieuwmarkt.

»*What do you wanna do now?*«, fragte Davey.

Und in meinem gebrochenen Englisch sagte ich: »Ei want in te autoscooter.«

»*Okay, let's do it.*«

Wir also rein in den Autoscooter. Mike nahm sein eigenes Auto. Wir brüllten vor Lachen. Danach wollte ich noch zum Dosenwerfen und Fädenziehen. Ich gewann jedes Mal einen Preis. Wir kauften uns eine große Zuckerwatte und bissen alle drei Stücke daraus. Die Jungs grüßten andere Yankee Boys, die sich ebenfalls ausgezeichnet mit den Mädchen von De Wallen amüsierten. Für Davey und mich wurde es immer romantischer, und deswegen verabschiedeten wir uns von Mike.

»*Have a nice time together!*«

Wir gingen in Daveys Hotel am Rokin. Aus der Minibar holte er zwei kleine Piccolos Champagner, und wir stießen auf uns an, auf die Zukunft.

Es wurde ein fantastischer, romantischer Abend. Davey war voll *in love*, besser konnte es gar nicht sein. Wie sechs Richtige im Lotto! Davey sagte, er wolle mich nach Amerika mitnehmen, wenn seine Dienstzeit vorbei sei. Seine Familie hatte in Texas eine große Farm, und ich und die

Kinder könnten auch dort wohnen. Seine Eltern wussten bereits, dass Davey sich in eine Holländerin verliebt hatte. Es war alles *no problem*. Ich schwebte im siebten Himmel und träumte oft von Texas, obwohl ich ab und zu auch so meine Bedenken hatte: so weit weg, am anderen Ende des Ozeans... Wir werden sehen, dachte ich, alles zu seiner Zeit. Im Moment war es auf alle Fälle traumhaft.

»*What do you think about it, honey?*«

»Ja, ja, Davey, it's a neis driem for us.«

»*It will come true, my dear. I will love you always and forever.*«

»Yes, mei dier. It's teim Ei go now.«

»*I understand, Loes. I miss you already. Come on, I'll take you home.*«

Da gingen wir also, quer durchs Rotlichtviertel, innig umarmt. Wir kamen am Oudezijds Voorburgwal an. Meine Schwester stand auf dem Bürgersteig, Davey begrüßte sie. Wir schwatzten noch ein bisschen, dann umarmten und verabschiedeten wir uns. Also bis in zwei Wochen. Beide winkten wir Davey hinterher. Er ging über den Oudekerkplein, und dann verloren wir ihn aus den Augen. Wir gingen rein.

»Du siehst ja verliebt aus, Loes. Total *in love*.«

»Kann man mir das denn wirklich ansehen, Tien?«

»Deine Augen glänzen wie zwei geile Murmeln.«

»Was soll's. Man lebt nur einmal, und ich werd auch noch dafür bezahlt. Das soll mir mal einer nachmachen.«

»Logisch, Loes, nur Hunde bumsen gratis.«

»Genau, Tien. Den heutigen Tag hab ich in vollen Zügen genossen.«

»Ach Loes, wenn ich dich so höre – da hätt ich auch nix gegen.«

»Worauf wartest du dann noch? Daveys Freund ist noch frei. Der ist wie für dich gemacht! Wenn der die Brille abnimmt, kannst du dich mit ihm sehen lassen. Was soll schon passieren? Du hast einen tollen Tag, und du verdienst auch noch dabei.«

»Wann kommen sie wieder?«

»In zwei Wochen.«

»Okay, abgemacht.«

Tien hatte sich gut rangehalten, und deswegen fanden wir, dass es für heute reichte.

Wir gingen zusammen nach Hause und haben bei mir noch was gegessen, getrunken und uns kaputt gelacht. Und natürlich hab ich ihr haarklein erzählt, wie mein Nachmittag mit Davey war.

Ich traf mich mit Davey noch ungefähr ein halbes Jahr lang regelmäßig. Es war eine schöne Zeit. Mike fing etwas mit einem Mädchen in Deutschland an, den sahen wir also nicht mehr oft. Als Daveys Dienstzeit fast zu Ende war, redeten wir viel darüber, zusammen nach Amerika zu gehen. Über Texas und über die Farm. Irgendwann musste ich eine Entscheidung treffen. Das war nicht leicht für uns beide, aber ich konnte meine Familie nicht im Stich lassen und wollte meine Kinder nicht aus ihrer vertrauten Umgebung reißen. Davey verstand das. Wir haben uns sehr romantisch voneinander verabschiedet, und dann ging jeder wieder seinen eigenen Weg. Unsere Holland-Amerika-Romanze war fortan in unsere Herzen gebrannt. Diese Erinnerung würde uns den Rest unseres Lebens begleiten.

Ich bin noch nie in Amerika gewesen – es ist beim Träumen geblieben. *And sometimes thinking: I want to be happy in America.*

Der Koks-Mann

Martine, 2011

Blaugraue Wolken. Es sieht nach Regen aus. Strickjacke an, Mütze auf, und zügigen Schrittes geht es los. Heute fahre ich über Haarlem nach Amsterdam. Zuerst mit dem Bus, dann mit dem Zug. In Haarlem ist alles noch verschlafen. Ich kaufe einen Cappuccino und ein Stück Gebäck, das heute im Angebot ist. Der Kaffee ist gut. Ich muss mich beeilen, um den Zug zu erwischen. Eine junge Frau grüßt mich, wir kennen uns von anderen Zugfahrten. Wir setzen uns auf die Klappsitze und schwatzen ein bisschen. Sie hat schlecht geschlafen, sagt sie. Das habe ich zum Glück hinter mir. Ich schlafe immer sechs Stunden, das reicht mir.

»Versuch's mit warmer Milch. Schlaftabletten helfen doch nicht.«

Da fahren wir auch schon in die Stadt hinein. Am Wochenende ist oft viel los in Amsterdam, und es ist leichter zu arbeiten. Die Leute sind besser aufgelegt und bereit, mehr Geld auszugeben. Ich komme in meinem zweiten Zuhause an. Im Flur steht ein gut gefüllter Müllsack, der fast aus den Nähten platzt. Ich schmeiß ihn in die Mülltonne. Schon kommt ein Kunde rein. Er kommt immer früh am Sonntagmorgen, denn dann braucht er kein Geld fürs Parken zu bezahlen. Sofort springt er aus den Klamotten und aufs Bett.

»Komm, legst du dich zu mir?«

Das mach ich. Ich sorge dafür, dass keine Langeweile aufkommt.

Später am Tag fragt mich an der Tür ein junger Mann, was es kostet.

Ich sage: »Fünfzig Euro.«

»Was machen wir dann?«

»Na, wir haben ein bisschen Spaß.«

»Ist ganz schön teuer.«

»Lieber teuer als überhaupt nicht.«

»Das stimmt auch wieder. Darf ich dann auch von hinten?«

»In der Hundestellung? Auch schön.«

»Nein, das mein ich nicht.«

»Dann musst du weitersuchen. Tschüss, der Herr.«

Er gibt nicht auf. »Ich will aber zu Ihnen.«

»Gut, solange du bezahlst. Du kennst den Preis, bei mir wird nicht gefeilscht!« Er kommt rein und bezahlt sofort. Ich seh, dass er mehr bei sich hat. »Leg noch einen Schein drauf, dann machen wir mehr.«

»Was denn?«

»Das wirst du schon merken, wir lassen's ruhig angehen.«

»In Ordnung, hier sind noch mal fünfzig.« Er ist ein hübscher mittelgroßer Kerl. Schneidig. Stark behaart und gut gebaut. Ich probier ein paar Sachen aus, mal sehen, was ihm gefällt. Sein Schwanz ist mittelgroß und schon ziemlich steif. Aber der Junge quasselt rum, und jetzt hängt er wieder. Ich muss ganz schön ackern für das Geld. Plötzlich zieht er an meinen Haarklammern. »Hey, lass das!«

Und da haben wir schon den Salat. Der Schlappschwanz hängt schon wieder.

1945 Die Gulden Winkelstraat in Amsterdam-West. Endlich durften wir die Sachen anziehen, die Mutter für »nach dem Krieg« aufgehoben hatte. Der Fotograf war zu uns nach Hause gekommen. Erst in diesem Augenblick wurde uns klar, dass der Krieg wirklich zu Ende war.

1957 Fünfzehn Jahre alt. Auf einem Heuberg während eines Ausflugs ins Grüne. Martine links, Louise rechts.

1957 Louise und Martine in der Amsterdamer Innenstadt.

1959 Der kleine Lampenschirmbetrieb der Familie Van de Geer. Damals nähten wir noch mit Nadel und Faden: Je größer die Stiche, desto schneller war man fertig und zu Hause. Louise sitzt ganz links und ist mit der Ältesten schwanger.

1958 An der Amstelkade mit den ersten Freunden. Louise rechts.
»Sei mal verliebt …«

1958 Louise in einem selbstgenähten Bikini auf einem Ausflug nach Vinkeveen. Wir teilten uns zu viert ein Zelt und haben abwechselnd gevögelt. Wir warfen eine Münze, wer zuerst ins Zelt durfte. Natürlich gewann Willem.

Beide im Zelt gewesen. Jan in der Mitte. Willem macht das Foto.

Martine wartet darauf, dass sie endlich mit Jan ins Zelt darf.

1959 Louise und Willem frisch verheiratet vor dem Seiteneingang des Rathauses am Oudezijds Voorburgwal, schicksalsweisend! Wir heirateten zusammen mit einem anderen Paar, das war billiger, aber deshalb durften wir nicht durch den Haupteingang.

1959 Amstelkade. Martine, 17, allein in ihrem Zimmer. Von Louise, die geheiratet hatte, im Stich gelassen.

1959 Ferien in Venedig. Martine und Jan sind mit dem Motorroller bis nach Italien gefahren.

1961 Als Martine Jan heiratet, durfte sie durch den Haupteingang ins Rathaus.

1962 Martine mit toupierter Hochsteckfrisur.

1962 Louise mit der jungen Familie am Ceintuurbaan. Schwanger mit dem dritten Kind. Willem war seinen Kopf schon los.

1965 Ferien in Spanien. Louise vor dem ersten Alfa Romeo, in schokoladenbraun.

1966 Cadaqués, Spanien. Das Boot von Louise und Willem.

1965 Die verkleidete Prinzessin Beatrix besucht das Rotlichtviertel De Wallen und unser Bordell am Oudezijds Voorburgwal am Arm von Offizierin Bosshardt.

2011 Wohnzimmer in IJmuiden mit einem Bild von Louise vom königlichen Besuch.

1963 bis **1970** Vorderansicht des ersten Bordells am Oudezijds Voorburgwal. Die Hühnerleiter im Hinterhaus und das Arbeitszimmer mit der Blumentapete.

1969 Louise (links) ist gerade nach Amsterdam-Zuid in die Sloestraat umgezogen. Martine zieht ein Jahr später ins Stockwerk darunter. Besuch von der Kollegin »Handschuh-Hettie«.

1970 Louise zurechtgemacht und bereit im Arbeitszimmer bei Katja in der Oude Nieuwstraat. Der Reißverschluss konnte von oben und unten geöffnet werden – sehr praktisch!

1976 Mit Kolleginnen in der Oude Nieuwstraat. Neben Louise steht Marie, die Puffmutter eines Ladens an der Ecke. Wir tragen Jacken und Mäntel aus Pelz und Leder von Lex Daniëls.

1978 Mollie und Dollie vor dem Wijnkopershuis in der Koestraat, neben ihrem eigenen Bordell. Martine sitzt auf dem Fahrrad.

1982 Koestraat. Zusammen mit Eliane, einem Mädchen aus Frankreich, das bei uns wohnte und arbeitete. Ein liebes und korrektes Mädchen. Sie war mit einem Afrikaner zusammen, der später ermordet wurde. Da ist sie nach Frankreich zurückgegangen.

1985 Louise im Nappalederanzug mit SM-Domina Pina, die um die Ecke am Oudezijds Achterburgwal ein Bordell hatte.

1981 Schick zurechtgemacht für die Hochzeit von Martines ältester Tochter. Louise trägt schwarz, Martine hellblau.

1986 Koestraat. Der kleine, geile Jopie sitzt auf Martines Schoß, die ihn bei seinem Lümmel packt.

1988 Eröffnung unserer Gaststätte *Die zwei Stiere,* Ecke Koestraat – Kloveniersburgwal, mit Familie, Freunden und der Straßenorgel »'t Hummeltje«. Martine tanzt mit einem unserer Lieblingsnachbarn Alexander Pola.

1990 Vor unserem Bordell in der Koestraat mit Nachbarin Noushka, kurz vor dem Verkauf. Auf der Schiefertafel im Fenster steht: »Qualität ist unser Markenzeichen«.

2010 In den verschneiten Dünen von IJmuiden während der Aufnahmen für den Dokumentarfilm *Ouwehoeren*.

Er erzählt, dass er noch nicht geschlafen hat. »Ich habe heute Nacht durchgearbeitet.«

»Ah, deswegen. Du hast bestimmt auch was eingeworfen.«

Er hat sich eine Nase reingezogen, das erklärt natürlich alles.

»Ich versuch noch eine Sache, und dann ist es genug.«

»Ach, so läuft das hier? Du schmeißt mich also schon raus?«

»Hör mal, das ist dir doch wohl klar?«

»Okay, ich bin nicht ganz ehrlich gewesen. Ich hab eine Nase Koks genommen und gesoffen. Sie haben Ihr Bestes gegeben.«

»Das denke ich auch.«

Ich gehe schon mal zur Haustür und öffne sie mit Schwung, da kommt im selben Augenblick ein Stammkunde vorbei. »Henk, warte bitte kurz, ich muss noch jemanden rauslassen.«

Der Koks-Mann geht. »Nächstes Mal komm ich ohne Alk und Koks.«

»Das wäre gut, denn sonst lass ich dich nicht mehr rein.«

Ich setze Kaffee auf.

»Wunderbar, Marie.« Henk schmeckt's. Er hat immer eine CD mit netter Musik dabei. Henk kann mit seinen Quickstepp-Beinen wunderbar tanzen. Ab und zu trete ich ihm auf die Füße. Aber dann lachen wir nur und tanzen weiter. Wir drehen noch eine Runde. Dann ist Henk zufrieden und verabschiedet sich. »Auf Wiedersehen, Marie!«

Wie der Vater, so der Sohn

Louise, 1967

Das Wochenende fing an.

»Tien, gehst du kurz mit Kaffee holen? Den guten aus der Warmoesstraat.«

»Ich wollte eigentlich schon mal mein Zimmer fertig machen. Aber vielleicht kannst du dann noch bis zum Bäcker Van der Linde am Nieuwendijk gehen? Ich mag die süßen Mergpijpen von denen so gern.«

»Klar, mach ich. Dann nehm ich für mich was von dem Schaumgebäck mit.« Und schon machte ich mich mit meinen hohen Stöckelschuhen auf den Weg. Auf zum Nieuwendijk! Mir fiel auf, dass in den Straßen schon einiges los war – es herrschte mal wieder gute Stimmung im Viertel. Da konnten wir heute noch Massel haben. Als ich in die Warmoesstraat einbog, Richtung Rokin, traf ich einen Stammkunden. Wir liefen uns regelrecht in die Arme.

»Hey, Marie!«

»He, Rinus, wie geht's? Wo willst du hin?«

»Ich wollte zu dir.«

»Na prima! Ich komme gleich, aber erst muss ich noch schnell zum Bäcker, was Süßes holen.«

»Dann bis gleich!«

Beim Bäcker war ne Menge los.

»Wer ist an der Reihe?«, fragte die Verkäuferin

Niemand antwortete, ein Haufen Schlafmützen! Also sagte ich: »Ja, ich. Sechs Mergpijpen und vier Mal Schaumgebäck.«

Die Verkäuferin packte alles ein, ich bezahlte und rauschte, gefolgt von vielen Blicken, wieder hinaus. Als ich über die Brücke vom Oudezijds ging, sah ich meine Schwester schon in der Tür stehen. Sie winkte mir aufgeregt, ich solle mich beeilen.

»Was ist los, Tien? Hast du einen Krampf in der Hand, oder wedelst du dir frische Luft zu?«

»Frische Luft? So weit kommt's noch. Rinus wartet auf dich. Er sagte, dass er dich unterwegs getroffen hat.«

»Das stimmt. Hier sind deine Mergpijpen. Nicht alle auf einmal essen, denk an deine Zuckerwerte!«

Ich ging schnell hinein. Rinus saß auf meinem Bett.

»Das ist doch wirklich Zufall, dass wir uns gerade über den Weg gelaufen sind, oder, Rinus?«

»Wenn wir über Zufälle sprechen: Weißt du, was mir gerade passiert ist auf dem Weg zu dir? Ich geh über den Oudekerksplein, bei der Rückseite der Kirche, und wen seh ich da, wie er gerade aus einem der Bordelle kommt? Meinen Vater mit einer dicken Zigarre in der Hand! Das Mädchen hatte ihn gerade zur Tür hinausgelassen.«

»Na, Rinus, dann seid ihr zwei euch ja einig, oder? Dann kann keiner dem anderen was vorwerfen, oder?«

»Das Beste war, dass mein Vater fragte: ›Aber Junge, was machst du denn hier?‹ Ich sagte: ›Was denkste denn, Pa? Das Gleiche, was du auch hier machst. Aber ich geh zu meinem festen Mädchen. Du weißt ja, dass ich keine Beziehung hab. Hab ich auch keine Lust drauf, all das Gemecker die ganze Zeit. Ich hab mein Mädchen auf De Wallen. Aber du, Pa, du hast doch Mutter! Die liebst du doch so sehr. Du trägst sie doch auf Händen, nicht wahr?‹ Sagt der: ›Ja, Junge, das stimmt. Das ist Liebe für immer und ewig.‹ ›Das will ich dir auch geraten haben!‹, sag ich noch, aber der sagt: ›Dein Vater lädt hier die Akkus auf, Junge. Damit er wieder alles von der sonnigen Seite sehen kann.‹ Nun, Marie, was sagst du dazu?«

»Was ich dazu sage? Dass dein Vater selbst am besten weiß, was er tut. Mir scheint, der is ein guter Kerl.«

»Ja, das ist er auch, Marie.«

»Und jetzt, Rinus, haben wir lang genug über deinen Vater gesprochen. Was möchtest du denn selbst heute, mein Junge?«

»Ich hab viel gearbeitet, diese Woche, Marie. Ich will heute also nix mehr machen und überlass es dir. Gegen eine holländische Massage zum Beispiel hätte ich nichts einzuwenden.«

»Na, Rinus, dann leg dich mal hin.«

Rinus entspannte sich, und ich drehte den Deckel von der Buttermilchcremedose auf.

»Hier kommt das Buttermilchmädchen vom Bauernhof!« Und schon fing ich an, ihn einzuschmieren und zu massieren. Rinus genoss es in vollen Zügen, das war deutlich zu merken.

Er blieb noch eine Weile liegen und sagte dann: »Marie, alles wieder okay. Ich geh.« Er gab mir ein Küsschen und tänzelte zur Tür hinaus. »Auf Wiedersehen, mein festes Mädchen!«

Die Geschichte von Floris

Louise: Floris kenne ich seit den 1960er Jahren vom Oudezijds Voorburgwal, und auch heute noch treffe ich ihn regelmäßig. Er ist ein echter Freund geworden.

Schon als Fünfzehnjähriger fuhr ich nach Amsterdam, um gemütlich durch De Wallen zu schlendern. Familien mit ihren Kindern und ausländische Besucher spazierten damals dort herum. Das war einmalig auf der Welt: Frauen, die für alle sichtbar hinter den Fenstern saßen. In Deutschland hatte man das manchmal auch, aber da waren dann die Straßen eingezäunt, sodass man von draußen nichts sehen konnte. Und man durfte erst ab achtzehn rein. De Wallen war eine touristische Attraktion; die Sicherheit war garantiert. Später, auf der Arbeit, hatte ich ein paar englische Kollegen. Die hielten Amsterdam für die tollste Stadt der Welt wegen ihrer entspannten Atmosphäre. Jahrzehntelang war De Wallen ein lebhaftes und gut besuchtes Viertel.

Als Fünfzigjähriger wurde ich einmal von Marokkanern bedroht. Sie waren im Alter zwischen zwölf und zwanzig Jahren. Weil ich keine Angst hatte und ihnen drohte, ich würde einigen den Hals umdrehen, bin ich mit einem Schlag auf den Rücken davongekommen. Heutzutage bekommt man ein Messer in den Rücken oder wird gleich abgeknallt.

Als Junge habe ich auf De Wallen einmal meinen Vater getroffen: Er rauchte eine Zigarre und genoss die Gesellschaft der freundlichen Damen.

Früher hatte ich dort ein festes Mädchen, zu dem ich oft gegangen bin, aber nach dem Zwischenfall mit den Marokkanern hatte meine Lust, Amsterdam zu besuchen, rapide nachgelassen. Seit ich siebzig bin, habe ich keine Lust mehr, in das früher so gemütliche Viertel zu gehen. In De Wallen sind mir heute zu viele Kokshuren und Nutten aus dem Ostblock. Heute mache ich in Amsterdam höchstens eine Stadtrundfahrt auf einem Ausflugsschiff durch die Grachten.

Floris aus Vleuten

Kinder kriegen auf De Wallen

Louise, 1964

Meine Freundin Ellie war von ihrem Freund Emile schwanger. Die ersten vier Monate war bei Ellie noch nicht viel zu sehen, aber im fünften Monat ging sie ziemlich auseinander. Ab jetzt fiel es auf. Für Ellie kamen schwierige Monate. Sie wohnte oben über dem Bordell in einem Hinterzimmer. Die Zeit verging wie im Flug. Im achten Monat kann man eigentlich nicht mehr anschaffen gehen, aber Ellie hatte keine andere Möglichkeit, ihren Lebensunterhalt zu verdienen. Ihr Freund Emile kam regelmäßig nach De Wallen. Er wohnte noch zu Hause bei seiner Mutter in Amsterdam-Zuid, einem schicken Stadtteil. Seine Familie durfte nicht erfahren, dass seine Freundin schwanger war. Also wurde alles verschwiegen. Feige, oder? Ach, was sind wir doch für ordentliche Leute – und mit dem Abschaum wollen wir nichts zu tun haben!

Ende Januar konnte jeder sehen, dass Ellies letzter Schwangerschaftsmonat angebrochen war. Es war ein bitterkalter Winter. Ellie und ich standen draußen vor der Tür beim Anschaffen. Ich hielt es gerade noch aus in der Kälte, aber Ellie konnte nicht mehr. Es war unendlich traurig, dass sie noch rausmusste, obwohl sie kurz vor der Geburt stand. Ich sah sie an. Sie stand links in der Ecke und sah schlecht aus.

Sie sagte: »Ich fühl mich nicht gut, Loes.«

»Ja, das seh ich.«

»Ich geh lieber schnell mal nach oben. Arbeitest du heute Abend noch lange, Loes?«

»Ich glaub schon.«

»Wenn das Baby heute Abend schon kommt, kannst du mich dann ins Krankenhaus bringen?«

»Natürlich, Ellie. Und dann bleib ich auch bei der Geburt dabei.«

»Das ist schön, Loes. Danke.«

»Na hör mal, du bist doch meine Freundin.«

Gut möglich, dass es heute Nacht so weit war, dachte ich und räumte schon mal so gut wie möglich auf, damit ich später schneller startklar war. Es kamen noch ein paar Stammkunden, und dann hatte ich genug für heute. Ich ging hoch zu Ellie, um nachzusehen, wie es ihr ging. Sie stand bereits mit der Tasche in der Hand in ihrer Wohnungstür und hatte kräftige Wehen. »Komm, Ellie, wir gehen.«

Wir also ins Auto zum Krankenhaus. Es war schon nach Mitternacht. Ellie meldete sich an. Wir mussten im Flur warten. Dann wurde sie aufgerufen und bekam ein Geburtsbett zugewiesen. Es stand in einem Gemeinschaftsraum mit lauter anderen Betten, die lediglich durch einen Vorhang voneinander abgetrennt waren.

Der Arzt fragte: »Ist Ihr Mann nicht da? Kommt der noch, oder sollen wir ihn anrufen?«

»Nein«, sagte Ellie, »der kommt heute nicht.«

Ich dachte: Hauptsache, das Kind kommt heute. Dann ist alles gut.

Ich musste draußen auf dem Flur warten. So lauteten hier die Regeln, denn man stelle sich mal vor, ich würde nackte Haut zu sehen bekommen! Nur der Ehemann oder die engste Verwandtschaft durften damals bei der Geburt dabei sein. Aber aus Ellies Verwandtschaft war überhaupt niemand da. Emile, der immer so tat, als wäre alles in bester Ordnung, ließ sich nicht blicken. Ich war ziemlich nervös. Wie lange würde das noch dauern? Auf einmal hörte ich ein Baby schreien. Die Stimme immerhin war schon mal kräftig. Endlich holte mich der Arzt.

»Tja, Ellie, herzlichen Glückwunsch!«

»Danke, Loes, ich habe einen Sohn mit allem Drum und Dran.«

Die Krankenschwester legte mir das Baby in den Arm und gratulierte mir zum Baby meiner Freundin. Es war ein hübsches Kind. Pummelig und mit dunklem lockigem Haar.

»Wie soll er denn heißen, Ellie?«

»Ich nenn ihn Lonny.«

»Oh nett, ein amerikanischer Name.«

Das war also geschafft, wieder ein Kind mehr auf der Welt. Nach einer Woche durfte Ellie nach Hause. Zurück zum Oudezijds Voorburgwal. Damals durften Babys oder kleine Kinder nicht länger als sechs Wochen in einem Bordell wohnen, sonst hatte man die Jugendfürsorge am Hals. Zu Anfang ging alles unbeschwert, aber die sechs Wochen waren schnell vorbei. Was nun? Ellie musste für Lonny eine Pflegefamilie finden. Das war schwieriger als gedacht. Doch nach langem Hin und Her fand sie eine Pflegefamilie in Nigtevecht. Das war fantastisch, denn meine drei Kinder waren dort ebenfalls in Pflegefamilien untergebracht. Das Dorf an der Vecht war eine schöne, ruhige Umgebung für Kinder.

Lonny war gut im Futter und schoss in die Länge, aber

Ellie wurde krank und erholte sich nicht recht. Am Tag, an dem Lonny für unbegrenzte Zeit bei der Pflegefamilie untergebracht wurde, konnte Ellie leider nicht mit. Sie war so krank, dass sie sich noch nicht mal auf den Beinen halten konnte. Also habe ich zusammen mit Willem und Emile, Lonnys Vater, das Kind nach Nigtevecht gebracht. Das war traurig und keine leichte Aufgabe, vor allem weil Ellie es nicht selbst tun konnte und Emile sich nicht traute, die Verantwortung für seinen Sohn zu übernehmen, weil er aus »gutem Hause« kam.

In Nigtevecht angekommen, wurde Baby Lonny mit offenen Armen von seiner neuen Familie empfangen. Emile trug seinen Sohn selbst ins Haus. Es schien, als hätte sich das ganze Dorf wegen des neuen Sprösslings aus De Wallen versammelt. Was für eine Attraktion! Die Familie hatte jetzt das Baby einer gefallenen Frau als Pflegekind.

Für einige Zeit ging alles gut. Wir besuchten Lonny regelmäßig alle zusammen, aber dann war die Pflegemutter auf einmal komisch, wenn wir da waren. Hinter Ellies Rücken hatte sie die Vormundschaftsbehörde eingeschaltet. Sie wollte, dass Lonny ihr gehörte und ihren Nachnamen trug. Auf einmal sollte Ellie kein Unterhaltsgeld mehr zahlen, obwohl Ellie das wollte. Die Frau nahm das Geld einfach nicht mehr an. Wenn wir Lonny besuchten, war die Stimmung angespannt. Wir verstanden das nicht. Dann wurde die Katze aus dem Sack gelassen: Die Frau des Hauses duldete unsere Besuche nicht länger. Die Pflegefamilie war schon weiter, als wir dachten. Hinter unserem Rücken hatten sie zusammen mit der Vormundschaftsbehörde dafür gesorgt, dass Lonny monatlich vom Staat Unterhalt und Kindergeld erhielt. Auf diese Weise bekamen sie mehr

Geld, als Ellie jemals hätte zusammenkratzen können. Und sie gingen immer noch einen Schritt weiter. Die Stimmung bei den Besuchen von Lonny wurde noch gereizter, bis es fast unerträglich wurde. Das Weib wurde immer verrückter! Die Vormundschaftsbehörde empfahl, die Besuche auf ein Minimum zu reduzieren. Die Pflegemutter hatte es geschafft. Später hörte ich aus verlässlicher Quelle, von Leuten, die die Frau gut kannten, dass sie das toll fand: Sie hatte das Kind einer Nutte! Damit rühmte sie sich regelrecht.

Für meine Freundin Ellie begann eine schlimme Zeit. Sie hatte gedacht, sie hätte ihr Kind kurzzeitig gut untergebracht, und wollte sich ein anderes Leben aufbauen. Sie sparte für eine andere Wohnung, in der sie mit ihrem Sohn leben konnte. Ellie hatte ein großes Mutterherz. Sie selbst hatte es in ihrer Kindheit nicht leicht gehabt und viele schlechte Zeiten erlebt.

Der Verlust ihres Kindes hat in Ellies Seele eine Wunde hinterlassen. Sie hat Jahre gebraucht, um das zu verarbeiten. Das war keine Kleinigkeit. Man wünscht keinem, so etwas im Leben durchmachen zu müssen. Zum Glück steht sie mit Lonny jetzt in gutem Kontakt, aber man merkt trotzdem, dass die Pflegemutter den Jungen stark geprägt hat. Was sie Lonny alles weisgemacht hat, das geht auf keine Kuhhaut.

Sie hat Lonny zum Einzelgänger gemacht. Er wurde von den anderen Pflegekindern in Nigtevecht ferngehalten, denn das waren »schlechte Kinder«. Lonny hatte keinen blassen Schimmer von der Wahrheit. Seine Pflegemutter sprach mit gespaltener Zunge, und er bekam viele Lügen zu hören. Und das alles nur wegen des Geldes. Über die Villa an der Vecht, in der mein ältestes Kind ein warmes Zuhause hatte, wurde ihm erzählt, dass dort nur schlechte

Menschen und Nuttenkinder wohnten. Wie tief kann man sinken, dass man einem Kind so was erzählt? Und das, obwohl bei ihr zu Hause der Haussegen schief hing und ihr Mann auch nicht gerade zimperlich war. Die Ehe ist später in die Brüche gegangen.

Sie fühlte sich ganz toll, weil sie das Kind einer Nutte »gerettet« hatte. Daran zog sie sich hoch. Dabei war sie ein mickriger Wurm, oder etwa nicht? Die Vormundschaftsbehörde dachte, sie hätte alles bestens organisiert, aber das ist nicht wahr.

Lonny war gut in der Schule und arbeitet jetzt bei der KLM. Er fliegt überallhin. Er hat noch Kontakt zu seiner Pflegemutter, und er besucht Ellie, seine echte Mutter, regelmäßig. Ellie hat versucht, ein offenes Gespräch über alles zu führen, darüber, wie sie sich gefühlt hat und was ihr angetan worden war, aber zu solch einem Gespräch ist es nie wirklich gekommen. Einer Mutter gegenüber ist es nicht fair, ihr so ein Gespräch zu verweigern. Denn sie muss das alles ihr ganzes Leben lang mit sich herumtragen. Und um den Mut nicht zu verlieren, gibt es dann hier einen Schluck und da einen Schnaps.

Tja, einmal Hure, immer Hure. Die anderen denken, Huren haben kein Gefühl, die spüren den Schmerz nicht. Man kann dagegen anreden, wie man will, es ist zwecklos. Das sitzt zu tief in den Köpfen drin. Wir sind nur Huren, die zählen ja nicht, die haben keine Rechte.

Meine Zwillingsschwester und ich treffen uns regelmäßig mit Ellie und ihrer Schwester. Oder wir telefonieren miteinander. Es wird wieder höchste Zeit, dass wir uns sehen und so wie früher lachen, Spaß haben und über die alten Zeiten schwatzen.

Das müssen Sie melden!

Martine, 2010

Es ist früh. Ich bin allein im Bordell, als ein Unbekannter vor der Scheibe steht. Er fragt durch Zeichen: Wie viel? Ich zeige: Fünfzig. Er kommt rein. Wir gehen nach hinten.

Ich sage ruhig: »Zuerst bezahlen, okay?«

Sagt der: »Vergiss es«, und nimmt mich sofort in den Schwitzkasten. »Ich mach dich kalt.« Er schlägt mir mit der Faust auf den Mund. »Ich bring dich um!«

In meinem Kopf ist alles leer. Ich kann nicht mehr denken. Doch plötzlich bin ich wieder zurück in der Realität und fange an zu schreien.

Er hat den Arm um meinen Hals geschlungen und würgt mich, drückt immer fester zu. Aber ich presse mein Kinn auf die Brust, mache mich schwer und lasse mich fallen. Der Kerl ist stark, aber ich mache es ihm nicht leicht. Ich lasse mich immer tiefer sacken. Jetzt bloß nicht ohnmächtig werden. Ich bin kurz weg. Hierbleiben! Ich rudere mit den Armen, um mich irgendwo festzuhalten, kriege einen Stuhl zu fassen und kann ihn zu mir ranziehen. Ich versuche, ihn mit dem Knie in die Eier zu schlagen. Ich schreie Zeder und Mordio, so laut, dass es zum Glück Leute hören. Da macht er sich aus dem Staub. Ich renne ihm noch hinterher und schreie, dass man ihn festhalten soll.

Tja, und da steht man dann. Man bekommt keine Unterstützung, null Komma nix. Niemand hat ein offenes Ohr für einen, sodass man noch nicht mal seine Geschichte loswerden kann.

Die Polizei sagt: »Das müssen Sie melden!« Im Viertel hängen Kameras, aber da machen sie auch nichts mit. Die denken doch bloß: wieder eine weniger. Denen passiert es ja nicht. Man steht allein da. Und die anderen Mädchen helfen einem auch nicht. Es ist nicht mehr wie früher, wo wir alle zusammen so einem Kerl mal kurz eine Abreibung verpasst haben. Ach was, die denken heute doch nur: Ist die wenigstens weg.

Manchmal ist man einfach nicht konzentriert. Wenn man einen Kunden nicht kennt, muss man ihn konstant im Auge haben, um zu sehen, ob er koscher ist. Immer überlegen: Was hat der vor, was geht hier ab?

Ich habe schon einmal so einen im Haus gehabt. Der behielt drinnen die Jacke an. Das fand ich merkwürdig, deswegen bin ich auf Abstand geblieben und nicht zu nah an ihn ran. Ich sagte: »Zieh das doch aus.« Denn ich will immer sichergehen, dass die nix am Körper tragen, kein Messer und keine Pistole.

Der zieht also seine Jacke aus, und ich erschrecke mich fast zu Tode. Sein Rücken war voller Tattoos. Ich dachte: Was ist das denn für einer? Er behielt seine Hände in den Hosentaschen, und seine Hose zog er auch nicht aus.

Da sagte ich: »Nee, mit dir kann ich nich. Hier haste dein Geld zurück.«

Dann ging er – superbeleidigt. Ich war froh, dass er weg war. Kein Geld der Welt ist solche Risiken wert.

Maria und Josef

Louise, 1965

Wer sagt, dass ich das nicht erzählen darf? Die Wahrheit kann einem schlaflose Nächte bereiten, nicht wahr? Nun, ich werde besser schlafen können, wenn ich es erzähle...

Es wurde Herbst, und die Blätter fingen an, von den Bäumen zu fallen. Ich lehnte am Türrahmen und war am Anschaffen. Es war Samstagnachmittag, und die Glocken der Oude Kerk spielten wunderschön. Ein Pater in einer prächtigen braunen Kutte und Jesussandalen an den Füßen ging vorbei. Fünf Minuten später kam der Pater zurück und schob sich in Windeseile an mir vorbei nach drinnen.

Er fragte: »Maria, darf ich mit auf dein Zimmer?«

Ich dachte: Was soll das denn werden? Muss ich gleich etwa auch noch beichten?

»Oh Maria, Maria, bitte!«

»Natürlich, Pater, wenn Sie mir hundert Gulden zahlen.«

»Aber natürlich«, sagte Pater Josef.

»Nun, Josef, dann komm mal mit Maria auf ihr Zimmer.«

Ich sorgte dafür, dass sich Josef entspannte. Und Josef fragte: »Maria, willst du mir mit meinem Glockenspiel helfen?«

»Natürlich, Josef, gern. Macht es denn auch gute Musik?«

Josef nahm sein Glockenspiel in die Hände. Ich erschrak: Er brauchte dafür tatsächlich beide Hände.

»Wie ich sehe, bist du gut bestückt. Was wollen wir machen, Josef?«

»Also, Maria, ich würd es gern im Stehen machen.«

»Wie du möchtest, Josef. Komm, dann stellen wir uns neben die Tür.«

»Gut«, sagte Josef.

Ich half Josef mit seinem Glockenspiel, und er bimmelte drauflos. Auf einmal rief er: »Maria, Maria!«

»Was ist, Josef?«

»Wir müssen noch das Ave-Maria zusammen singen.« Und da fing Josef mit lauter Stimme an, das Ave-Maria zu singen. Er rief: »Maria, sing doch mit!« Und singend bimmelte sein Glockenspiel, und dann rief er: »Oh Jungfrau Maria!« Und er kam.

Später, als wir noch einen Kaffee zusammen tranken, erzählte Pater Josef, dass er der älteste Sohn einer Brabanter Familie war. Es war für die Familie eine große Ehre, wenn eines der Kinder Pater wurde. Es war also nicht seine Entscheidung gewesen; er wurde mehr oder weniger dazu gezwungen, ins Kloster zu gehen. Pater Josef war in ein Mädchen verliebt gewesen und hatte sie nie vergessen.

Das war Freiheitsentzug! Und die sexuelle Enthaltsamkeit auch! Das fand ich einfach nicht richtig. Im Geiste mit Maria ins Bett, na toll! Das tut man doch keiner Menschenseele an! Kein Wunder, dass die Kirchen immer leerer werden. Es wird höchste Zeit, dass die in Rom den Zölibat abschaffen, innerhalb und außerhalb des Klosters. Die können doch den Glauben auch ohne Zölibat verkünden. Amen.

Ich darf nicht kommen!

Martine, 2011

»Nein, ich darf nicht kommen!«

Immer wieder bringe ich ihn bis kurz vor den Orgasmus, und dann ruft er: »Nein, ich darf nicht kommen. Nein, ich darf nicht kommen. Nein, ich darf nicht kommen.«

Er ist ziemlich prüde und liegt vollständig angezogen auf dem Bett. Also reibe ich über seinen Hosenschlitz. Und er ruft immer lauter: »Nicht kommen!«

Schließlich höre ich auf, und er verschwindet zur Tür hinaus. Er ist ein ganz normaler Holländer, ein gesunder Bursche, der mehr oder weniger regelmäßig zu mir kommt. Eines Tages aber reicht es mir.

»Warum sagst du immer, dass du nicht kommen darfst?«

»Ich bin gläubig.«

»So, so, und deswegen darfst du nicht kommen? Ich bin auch gläubig und darf trotzdem kommen. Verrückt, nicht wahr? Und was für ein Unterschied!«

»Mein Glaube sagt mir, dass ich dann eine Sünde begehen würde, und deshalb habe ich Angst zu kommen.«

»Es würde dir bestimmt guttun. Du hättest mal früher was sagen sollen. Ich hab das nie verstanden. Nun, diese Dame hier wird dir jetzt mal helfen. Also, leg dich wieder schön hin, entspann dich und zieh deine Klamotten aus.«

Verlegen zieht er seine Sachen aus. Nach sechs Jahren seh ich ihn endlich nackt. Er ist gut gebaut, den schubst man nicht von der Bettkante. Aber er zittert wie Espenlaub.

»Was ist denn jetzt schon wieder?«

»Ich hab Angst.«

»Da ist nichts dabei, wovor du Angst haben müsstest. Du siehst gesund und stark aus, Junge.«

»Oh, ja? Wirklich?«

»Ja!« Und jetzt reicht's mir, ständig sein Gemecker. Ich nehme seinen Schwanz in die Hand und massiere ihn.

»Oh, das ist schön. Ich halt's nicht mehr aus. Darf ich kommen?«

»Natürlich! Also wenn du jetzt nicht kommst, dann weiß ich es auch nicht. Nach all den Jahren!«

Und endlich kommt er.

Und weiter passiert natürlich nichts. Er sieht mich erleichtert an. »Oh, was war das schön. Ich bin gekommen. Sie sind sehr lieb. Vielen Dank.«

Marie und der Rabbiner

Louise, 1966

Ich hatte an diesem Nachmittag etwas später angefangen als sonst. Aber ich hatte Massel: Es kam sofort Kundschaft – ein gutes Zeichen. Ich saß auf meinem »Thron« und sah nach draußen. Es liefen genug Männer vor meinem Fenster hin und her, und ich klopfte gegen die Fensterscheibe. Inmitten einer Gruppe von Männern sah ich einen Rabbiner gehen. Er hatte einen schönen schwarzen Hut auf, Korkenzieherlocken vor den Ohren und eine prächtige Kluft an. Der Rabbiner löste sich aus der Gruppe und kam herein.

»Guten Tag, darf ich mit zu Ihnen?«

»Aber natürlich. Komm, dann gehen wir auf mein Zimmer.«

Der Rabbiner nahm seinen Hut ab. Darunter trug er eine Kippa, aber die behielt er auf. Er hängte seine Kleider ordentlich auf den Kleiderbügel. Das traditionelle Baumwollhemd behielt er an.

»Ganz wie Sie meinen, Rabbi. Es ist mir nicht im Weg«, sagte ich.

Der Rabbi bezahlte, und wir legten uns aufs Bett. Er entspannte sich. Dann murmelte er leise ein Gebet. Ich nahm ein Kondom, zog es ihm über und spielte etwas mit ihm.

Er machte sich gut, der untreue Herr Rabbi. Er nutzte die Zeit, für die er bezahlt hatte, gut. Schließlich sagte ich: »Komm, Rabbi, leg dich hin und mach's dir gemütlich. Marie hilft dir mal kurz.«

Wir lagen allerliebst aneinandergekuschelt, und ich massierte ihn fertig. Zufrieden und erleichtert stand er auf und machte sich frisch. Er zog sich an, und wir tranken eine Tasse Kaffee.

»Danke, Marie. Es war sehr schön, bei dir zu sein.«

»Ganz meinerseits.«

Und dann ging er.

Durch unsere Komplimente aus dem Takt gebracht, vergaß er seinen Hut. Ich also nichts wie hinterher. An der Gracht rief ich: »Rabbi! Rabbi!«

Zum Glück war er noch auf dem Voorburgwal. »Oh, das nenn ich Massel! Ich kann unmöglich ohne Hut nach Hause kommen.«

Er küsste seinen Hut und setzte ihn auf. »Vielen Dank, Marie.«

Und der Rabbi verschwand in der Masse der Männer. Und das am Sabbat!

»Schalom, Schalom.«

Feuer im Bordell

Louise, 1967

Es war ein Sonntag im Februar, und es blies ein eiskalter Wind – wir hatten beinahe Sturm. Ich hatte früh angefangen und schon ein paar nette Sonntagskunden gehabt. Mittags kam Pim, ein Stammkunde, der lange bleiben würde. Zwischendurch bat mich Hettie, die über dem Bordell wohnte, ob ich ab und zu nach ihrem Kleinen sehen könnte, denn sie wollte mit ihrer Schwester kurz weg, um was essen zu gehen. Es war das erste Mal, dass sie nach der Geburt ausging. Sie gab mir die Schlüssel und sagte: »Bis gleich, Loes. Ich bleib nicht lange.«

Ich ging wieder zu meinem Kunden zurück. Pim vergnügte sich prächtig. Kurz vor seinem Höhepunkt hörten wir schrecklichen Krach und Geschrei auf der Treppe. Ich rannte aus dem Zimmer. »Was ist los, Leen?«

Leen rannte mit einem Kübel Wasser an mir vorbei. Oben hörte ich noch eine Frau schreien und die Treppe rauf- und runterrennen. »Gib mir den Schlüssel von Hetties Zimmer!«, rief Leen. »Es brennt!«

»Ruf sofort die Feuerwehr! Mit dem Schluck Wasser könnt ihr kein Feuer löschen.«

Ich war zu Tode erschrocken. Pim und ich sprangen in die Klamotten. Wir zogen die blaue Decke vom Bett, machten sie so nass wie möglich und rannten nach oben. Hetties Zimmer war im obersten Stockwerk und ging nach hinten raus. Wir hatten keine Zeit zum Nachdenken. Pim zog sich die nasse Decke über, und ich hielt ihn an der Hand fest, sodass ich ihn sofort zurückziehen konnte. »Die Wiege steht rechts, gleich vorne«, schrie ich.

Pim riss die Tür auf, und der Qualm und die Hitze schlugen uns entgegen. Ich hatte Angst. Es war schrecklich. Die Flammen schlugen nach hinten zu den Fenstern, und wegen des Qualms war es stockdunkel im Zimmer. Aber wir gaben nicht auf. Ich dachte nur noch an das Kind. Wir mussten es um jeden Preis lebend da rausholen, und wir waren überzeugt, dass uns das gelingen würde. Pim tastete sich durchs Zimmer, und ich hielt ihn an der Hand fest. Wir haben es mehrmals versucht, aber Pim konnte die Wiege nicht finden. Ich schrie ihn an: »Schnapp dir das Kind! Beeil dich! Hol's dir! Es ist da irgendwo!« Aber dann mussten wir aufgeben und unser eigenes Leben retten. Wir rannten nach unten.

Im ersten Stock rannte ich ins Wohnzimmer und rief die Feuerwehr an. Das hatte noch niemand getan. Unbegreiflich. Als ich aufgelegt hatte, rief meine Schwester an – zufällig. Als sie hörte, was los war, rief sie ebenfalls die Feuerwehr an.

Gerade als ich das Haus verlassen wollte, hörte ich die beiden Schäferhunde aus dem Hinterhaus bellen. Ich dachte: Die Ärmsten, die sind da beide eingesperrt! Im Hinterhof schaute ich nach oben zum Haus. Die Flammen schlugen aus dem Dach und ab und zu auch hier nach unten. Ich wagte es, rannte durch den langen Flur, schnappte die Hunde und lief mit ihnen nach unten auf die Straße.

Ich schloss sie in meinem Auto ein. Wenigstens die beiden waren gerettet. Unten vor der Haustür hatte sich bereits eine Menschentraube versammelt. Ich ging in mein Zimmer, da saß Pim und wartete auf mich.

»Wie geht es dir?«

»Nicht so gut. Und dir, Loes?«

»Auch nicht gut. Ich kann das nicht verstehen.«

Pim hielt mich fest im Arm und versuchte mich zu trösten.

»Was machen wir, wenn Hettie nach Hause kommt? Das ist schrecklich.«

Das Baby war ein hübsches, kräftiges, blondes Kerlchen. Alle Mädchen, der Chef und die Chefin waren ganz vernarrt in den Kleinen. Hettie nannte ihn immer Sportsmann, weil er so breite Schultern hatte. Sie war so stolz auf ihn. Wir hatten alle etwas beigetragen: Wir hatten ihr eine Wiege gebracht, die meine Mutter noch neu bezogen hatte, und alle zusammen haben wir für Babykleidung gesorgt. Hettie hatte, selbst als sie schwanger war, gearbeitet, aber nicht die ganzen neun Monate lang. Sie durfte im Bordell wohnen bleiben, und der Chef und die Chefin taten, was sie konnten.

»Ach Pim, wir haben immer so gut für das Baby gesorgt.«

»Ich weiß, Loes.«

Inzwischen waren die Feuerwehr da, die Polizei und der Krankenwagen. Wir mussten unsere Geschichte erzählen, und danach wurden wir ohne Pardon auf die Straße gesetzt. So hat man sich früher um die Opfer gekümmert! Ich stopfte die wichtigsten Sachen in meine Tasche und stand dann verloren und verzweifelt mit Pim auf der Straße zwischen all den Schaulustigen. Wie hatte das passieren können?, fragte man sich. Es gab viele Spekulationen.

»Mittags ist noch jemand die Treppe hochgegangen.«

»Und was ist dann passiert?«

»Keine Ahnung.«

»Was sagt die Feuerwehr?«

»Dass die Ofenklappe durch einen heftigen Windstoß in den Ofen geschlagen ist.«

»Das ist gut möglich.«

»Ja, klingt logisch.«

Die ganze Straße stand Kopf. Pim sagte: »Loes, das ist mir zu viel Trubel hier. Ich geh nach Hause.«

»Das kann ich verstehen, Pim. Geh ruhig.«

»Nächste Woche komm ich vorbei, um zu hören, wie es dir und den anderen geht. Kopf hoch, mein Mädchen.« Pim gab mir einen Kuss und ging.

Da stand ich dann, fühlte mich elend und dachte: Wo bleibt Hettie? Da hörte ich einen fürchterlichen Schrei und Geheule. Hettie und ihre Schwester waren zurückgekommen und hatten die schlechte Nachricht bereits gehört. Die Feuerwehr löschte noch immer. Unten im Bordell wurden Hettie und ihre Schwester vom Gesundheitsdienst der Gemeinde versorgt. Ich hörte, wie jemand erzählte, Hetties Schwester sei ohnmächtig geworden. Nach einiger Zeit wurde endlich das Zeichen »Brand gelöscht« gegeben. Die Hunde durften wieder zurück zu ihrem Herrchen, und ich startete das Auto. Verzweifelt und am Ende meiner Kräfte fuhr ich nach Hause.

Am nächsten Tag wurde im Bordell nicht gearbeitet. Hettie war bei ihrer Schwester und wurde von der Familie gut aufgefangen. Es brachen Wochen der Verzweiflung und Leere an. Wir waren wie betäubt und fühlten uns untereinander eng verbunden. Unser Zusammenhalt stützte uns. Wie ließen Hettie vorläufig nicht allein; sie hatte vier Frauen um sich herum, die sich immer um sie kümmerten. Auch das Begräbnis des Jungen musste noch organisiert werden. Als wir den Kleinen zu seiner letzten Ruhestätte brachten, war auch der Vater anwesend. Es war eine unendlich traurige Angelegenheit.

Hettie wohnte später eine Zeit lang bei einer Freundin an der Geldersekade, und wir besuchten sie regelmäßig. Sie hat nie wieder gearbeitet. Irgendwann hat sie eine Wohnung in Oost bekommen und ist dort mit ihren beiden anderen Söhnen hingezogen. Jahre später hat sie noch eine Tochter bekommen, worüber sie sich sehr gefreut hat. Hettie hatte ein großes Mutterherz und eine tüchtige Portion Humor. Trotz allem konnte man mit ihr immer herumalbern und hatte viel zu lachen. Das war ihre größte Stärke.

Zu müde

Martine, 2011

Heute ist es kalt. Das richtige Wetter für eine lange Unterhose. Man fängt vor Kälte an zu zittern, sobald man nur den Finger aus der Tür hält. Ich ziehe mein Lackjäckchen an und setzte mich auf meinen Drehstuhl ins Fenster. Ich klopfe mit meinem Finger an die Scheibe und öffne sofort die Tür. Ich sage zu einem Mann, der vorbeikommt: »Hey, nun komm schon!«

Er lacht und kommt herein. Dann wird es meistens gut. Er fragt: »Was machen wir?«

»Tja, weißt du was Nettes?« Nebenbei frage ich: »Willst du erst bezahlen? Dann haben wir das hinter uns.«

»Ja natürlich.« Er holt mit großem Schwung sein Portemonnaie heraus und bezahlt mich großzügig.

»Dafür können wir eine Stunde lang unseren Spaß haben«, sage ich.

»Klingt verlockend. Sagen Sie, haben Sie vielleicht Bier im Haus?«

»Natürlich.« Ich habe rein zufällig Bier im Kühlschrank stehen.

»Wie heißen Sie eigentlich?«

»Ich bin Dollie.«

»Na, Dollie, dann schenk mal ein.«

Er heißt Kareltje, sagt er und bleibt angezogen auf dem Bett sitzen. Ich streichle ihm über den Oberschenkel, aber er schiebt sanft meine Hand weg. Kareltje will reden.

»Ich leg noch was drauf für noch ne Stunde.«

»Ich hab nichts dagegen, Kareltje.«

Wir haben noch immer nichts gemacht.

»Sie sind wirklich eine nette Frau, und ich finde es schön, mich ein bisschen mit Ihnen zu unterhalten.« Karl erzählt von seiner Arbeit, dass er immer so viel zu tun hat. Ab und zu flüchtet er sich dann zu einer Frau, bei der er zu nichts verpflichtet ist, um zu sich selbst kommen zu können.

»Du, Dol, ich hab bei dir richtig gute Laune bekommen. Für mich ist es so in Ordnung. Dann geh ich mal wieder an die Arbeit.«

»Willst du nicht mehr ficken?«

Er schüttelt den Kopf. »Mir reicht deine Gesellschaft.«

So geht das. Manche Männer wollen keinen Sex, weil sie müde sind und alles satthaben. Der Druck, dem sie ausgesetzt sind, ist oft hoch. Dann reicht ihnen ein offenes Ohr.

Neulich ging es mir selbst so, da war ich müde. Ich massierte Jan, einen Stammkunden. Ich sah ihn mir an, und er schien zu schlafen. Sanft massierte ich weiter. Er genoss es sichtlich. Es war, als würden wir schweigend ein Spiel spielen. Er lag so entspannt da, da dachte ich: Ich mach auch mal kurz die Augen zu. Und legte mich neben Jan. Plötzlich tippte er mich an und weckte mich. Wo war ich? Oh, ja, in meinem Zimmer auf der Arbeit. Jan lachte lauthals los und ich auch. Dann mal wieder an die Arbeit.

Jan sagte: »Ich möchte gerne liegen bleiben. Und du holst mir mit der Hand einen runter.«

»In Ordnung«, sagte ich und dachte: Das ist nicht anstrengend.

Aber es war dann doch noch ne Menge Arbeit. Endlich kam er. Jan war zufrieden und glücklich. Wir tranken noch einen Kaffee zusammen.

»Jetzt geh ich noch ne Runde durchs Zentrum. Auf dem Dam ist es immer schön mit all den Straßenkünstlern, die so lange stillstehen können.«

»Na, Jan, wie ich seh, kommt bei dir keine Langeweile auf.«

Berufstätige Mütter

Louise, 1971

Inzwischen wohnten Tien und ich übereinander in der Sloestraat in Amsterdam-Zuid, einem schnieken Viertel, um die Ecke bei unseren Eltern an der Amstelkade. Meine Kinder brauchten nicht mehr bei Pflegeeltern zu sein, sondern durften bei mir wohnen. Idealer ging's nicht! Morgens früh gingen wir in der Ferdinand Bolstraat und der Scheldestraat einkaufen fürs Abendessen. Wenn wir aus dem Haus gingen, um zur Arbeit zu fahren, waren die Kartoffeln geschält, das Gemüse geputzt, und alles stand in Großküchenkochtöpfen auf dem Gasherd bereit. An diesem Tag passten Pa und Ma auf unsere Kinder auf. Wir tranken noch einen Kaffee zusammen und aßen ein Stück Kuchen dazu. Nachdem wir genug »gesündigt« hatten, gingen wir zur Arbeit am Oudezijds. Mit geröteten Wangen kamen wir dort an. Es gab Arbeit genug: Zwei Stammkunden warteten schon auf uns.

»Hallo, Mädels, habt ihr schön in der Sonne gesessen?«
»Na klar. Unter der Höhensonne. Also, Männer, kommt ihr mit?«
Ich fing mit Rob an. Er würde eine Stunde bleiben. Er wollte immer beweisen, dass er noch eine gute Figur hatte. Wie ein Bodybuilder posierte er in allerlei Haltungen vorm

Spiegel. Das machte Rob richtig heiß. Als Höhepunkt holte er sich selbst einen runter und beobachtete sich dabei im Spiegel. Ich musste ihm zusehen. Rob war ein Egotripper, aber nicht auf Kosten anderer. Er war ein prima Kerl und besuchte uns regelmäßig.

Ich war gerade dabei, mein Zimmer wieder in Ordnung zu bringen, als Martine vorbeikam. »Ah, das trifft sich gut, Loes. Dann mach ich uns einen Kaffee, und wir können ein bisschen quatschen. Du hattest viel Kundschaft.«

»Musst du gerade sagen. Deine Tür ging doch auch ständig auf und zu, Tien!«

»Ja, zum Glück. Von nichts kommt nichts, und es muss schließlich Brot auf den Tisch. Umsonst ist nur der Tod...«

»Stimmt genau. Und unser Leben ist besonders teuer. Denn wenn die sogenannten ›Gutmenschen‹ wissen, dass man ne Hure ist, muss man immer mehr blechen als andere.«

»Die glauben, wir pflücken das Geld von den Bäumen. So ein Blödsinn, wir müssen uns dafür auf den Rücken legen!«

»Und wenn man dann mal kein Geld in die Sammelbüchse steckt oder nichts verleiht, werden die noch sauer! Und richtig arrogant. Ist dir auch schon aufgefallen, dass das meistens Frauen sind?«

»Na klar, Loes. Hier, kriegste noch ein Stück Schokolade von mir. Masseltoff.«

»Mensch, Tien, bist ein Schatz. Jetzt geht's mir schon ein Stück besser.«

»Und jetzt mal gucken, ob ich mir noch einen angeln kann. Oh, da kommt Joris an. Hoffentlich kommt der schnell rein. Dann kann ich den noch eben mitnehmen.«

Und tatsächlich. Da kam der Schnellgeher schon. Joris und Tien verschwanden in Tiens Zimmer, und ich kriegte noch Dick rein für einen Quickie. Genug für heute. Das Abendessen wartete.

Zu Hause war unser »Essen auf Rädern« fertig. Die Kinder hatten schon gegessen. Zwei saßen mit ihrem Opa am Tisch und spielten Karten, der Rest saß vorm Fernseher oder spielte draußen auf der Straße. Wir setzten uns an den Küchentisch, und unsere Mutter tat uns auf. Wir hatten unsere Teller beinah leer, als es Sturm klingelte. Ich hörte ein Kind laut weinen; es war meine älteste Tochter. Sie schrie wie am Spieß und sagte: »Die blöde Kuh hat mir eine geknallt!«

Wir also alle die Treppe runter. Und gleich zu der Frau hin. Unsere Mutter vorneweg!

Von der Frau erzählte man sich, dass sie sich im Dikker & Thijs, einem Viersternehotel an der Prinzengracht, an die reichen Männer ranschmiss. Sie war bei der Nachbarin zu Besuch gewesen.

Unsere Mutter hatte die Situation sofort erfasst. Sie packte das Weibsstück am Kragen: »Willst du Zores, Schickse? Du miese Hotel-Hure. Du wagst es, über andere zu urteilen und meine Enkelin zu schlagen? Du feige Kuh! Lass die Kinder das selbst austragen, das können die sehr gut. Zu Besuch sein bei unserer Nachbarin und hier dann so ein Schmierentheater veranstalten! Die Kinder anstacheln von wegen: Deine Mutter ist ne Nutte? Und wenn meine Enkelin sich wehrt und sagt, du bist selbst ne dreckige Nutte, dann schlägst du zu, was? Na sag schon, war's so, du Schmock?«

Die Frau nickte, und meine Mutter verpasste ihr eine Ohrfeige: »Hier, da hast du sie zurück. Kannste mal sehen, was du meiner Enkelin angetan hast, du dreckige Hotel-Nutte.«

Wir gingen alle zusammen wieder nach oben und sahen, dass die Wange meiner Ältesten dick angeschwollen war und in allen Farben des Regenbogens schillerte. Wir legten Eis und feuchte Tücher auf.

Psychische Grausamkeit von alten Weibern, die sich als Moralapostel aufspielen, gegenüber einem Kind ist widerlich. Sie sind selbst nur mit Hängen und Würgen an ihre Kerle gekommen und haben mächtig die Beine breit gemacht. Woher haben die die Chuzpe, über andere zu lästern?

Genauso schwer, wie die an ihre Hurensöhne gekommen sind, genauso schwer sind sie die wieder losgeworden: mit Schreierei und den üblichen Handgreiflichkeiten. Und die wollen über andere urteilen? Diese scheinheiligen, eingebildeten Schicksen. Und wenn die dann beim Metzger stehen, bestellen sie in aller Ruhe zweimal Tartar und ein halbes Pfund Pökelfleisch.

Wir hatten die Sache wieder ins Lot gebracht und saßen noch gemütlich zusammen. Die Kinder hatten sich wieder beruhigt. Pa und Ma gingen nach Hause. Tien und ich besprachen noch kurz den Tag. Der war heute nicht ohne gewesen. Dann ging Tien nach unten, ein Stockwerk tiefer.

»Tschüss, Loes, bis morgen. Und komm morgen nicht zu spät!«

Der Egokicker

Martine, 2011

Der blonde Teun ist ein unkomplizierter Kunde. Er stürmt herein; er kennt den Weg; ich hinterher.

»Na, Teun, wie geht's?«

»Prima«, sagt Teun. »Schön, dich zu sehen, Dol.«

Er bezahlt und zieht sich schnell aus. Teun bleibt immer stehen. Ich streichle ihm sanft über die Brustwarzen, und er streichelt meine. Dann stellt er sich vor den Spiegel. Teun sieht gut aus, und das weiß er. Alles ist da, wo es sein soll, und auch sonst lässt seine Männlichkeit keine Wünsche offen. Er schaut die ganze Zeit in den Spiegel.

Teun hat so viel gevögelt in seinem Leben und ist schon so oft fremdgegangen, dass er sich nur noch selbst einen runterholen will. Er möchte, dass ich dabei lauter geile Sachen sage. Das erregt ihn. »Du kannst loslegen. Ich höre.«

»Ja, Teun, ich hab ne nasse Muschi. Bist du auch so geil, Teun? Ich will ihn tief in mir drin fühlen, du wunderbarer Prachtbursche.«

Während ich schmutzige Sachen ins Ohr flüstere, sieht Teun im Spiegel abwechselnd sich und mich an, in der Hand hält er seinen Schwanz. Dann hat er einen Orgasmus.

»Tschüss, geile Dol!«

»Ja, tschüss, alter Pillermann!«

Der verrückte Däumling

Louise, 1974

Oh, oh, da kam der verrückte Franz. Ich stand bei Katja in der Oude Nieuwstraat in der Tür und war am Anschaffen.

Er sagte: »Guten Tag, gnädige Frau.«

»Tag, Franz, wie geht es dir?« Franz steckte den Daumen in den Mund und blieb direkt vor mir stehen. Er musterte mich von Kopf bis Fuß und wackelte dabei hin und her.

Ich sagte: »Pass auf, Franz, sonst verschluckst du noch deinen Daumen.«

Da fing Franz laut an zu heulen und stampfte mit dem Fuß auf den Boden. »Ich verschluck ihn nicht! Und ich will mit Ihnen gehen, nach drinnen.«

»Oh ja? Hast du denn genug gespart, Franz?«

»Ja, ja«, sagte Franz. »Ich möchte mit zu Ihnen, gnädige Frau, und dann will ich an Ihrem Daumen nuckeln. Und Sie an meinem.«

Ich dachte, das wollen wir erst mal sehen, Freundchen. »In Ordnung, Franz, aber erst musst du für mich noch im HEMA einkaufen gehen.«

»Oh ja, gern, gnädige Frau. Darf ich auf dem Weg dann weiter an meinem Daumen nuckeln?«

»Na klar, Franz. Hier hast du die Tasche. Der Einkaufszettel ist im Portemonnaie. Vergiss nichts, hörst du?«

Und am Daumen lutschend verschwand der verrückte Franz in dem Gässchen Richtung HEMA-Kaufhaus am Nieuwendijk. Als ich eine Dreiviertelstunde später wieder nach draußen kam, stand Franz doch tatsächlich vor dem Fenster der Nachbarin auf der gegenüberliegenden Straßenseite. Beide Daumen im Mund, die Einkaufstasche am Arm. »Gnädige Frau, darf ich jetzt mit zu Ihnen? Ich habe alles für Sie eingekauft. Bitte!«

»Danke dir. Na, dann komm mal rein. Setz dich hier mal auf den Boden, Franz.«

Zufrieden setzte sich Franz hin, mit dem Rücken ans Bett gelehnt und einem Daumen im Mund. Mit der anderen Hand holte er sich genüsslich einen runter. Er rief: »Ich bin der Däumling, der Däumling, herrlich so ein Däumling.«

Kurz darauf spazierte der verrückte Franz zufrieden zur Tür hinaus.

Das alte Kind

Martine, 2011

Da ist das Kind wieder. Er ist fast neunzig, tut aber so, als sei er fünfzehn. Schüchtern bleibt er vor der Tür stehen, eine altmodische Einkaufstasche aus Nylon in der Hand.

»Mama hat mich geschickt. Ich soll einkaufen gehen.«

Verlegen bleibt er draußen stehen und schaut nach rechts und links zu den anderen Mädchen.

Ich bin sofort in meiner Rolle. »Komm rein«, sage ich streng.

Aber er weicht aus und macht einen Schritt zurück. Ich gehe auf ihn zu und packe ihn am Nacken.

»Nein, nicht, Sie machen schmutzige Sachen mit mir!«

»Schmutzige Sachen sind schön.« Dann gebe ich ihm einen Tritt in den Hintern und schubse ihn über die Türschwelle. Als er drinnen ist, bezahlt er sofort.

Das Spiel geht weiter. »Ich muss lieb sein zur Tante, sagen meine Eltern, denn sie ham Geld geliehen von der Tante. Und jetzt muss ich es wiedergutmachen.«

»Ja, du musst der Tante gehorchen. Geh jetzt erst mal einkaufen.«

Ich mache eine Liste: Zucker, Butter, WC-Papier, Seife, Kondome. Brav geht er wieder nach draußen zum Albert-Heijn-Supermarkt auf dem Dam.

Ich sitze noch nicht wieder richtig auf meinem Drehstuhl im Fenster, da steht auch schon ein kräftiger Bauarbeiter vor meiner Nase. Er zeigt auf die schwarzen Overknee-Stiefel, die im Fenster hängen. »Was kostet es, wenn ich die Stiefel anziehe?«

Ich vereinbare mit ihm einen Preis. Er kommt herein. Ich ziehe die Vorhänge zu und gebe ihm die Stiefel. Es sind sehr hohe Stiefel in Größe 43 mit Stilettoabsätzen. Ich gebe ihm auch noch ein rotes Kleid, und er zieht sich um.

Es macht ihm sichtlich Spaß, seine dicken, kräftigen Beine in die Stiefel zu zwängen, und dann trippelt er aufgeregt auf dem gekachelten Boden hin und her. Das Kleid spannt sich über seinem Bierbauch.

Ich drücke ihn mit meiner Hand an die Wand. Er hat einen großen Steifen. »Und jetzt rubbeln!«, sage ich.

Das lässt er sich nicht zweimal sagen und legt los, bis er kommt. Der Bauarbeiter verabschiedet sich zufrieden.

Ich ziehe die Vorhänge wieder auf. Da steht das Kind mit meinen Einkäufen auch schon vor der Tür. »Das hat aber lange gedauert«, meckert es, »die Tasche ist verdammt schwer.«

»Meckere nicht rum, du Rotzlöffel. Hopp, rein mit dir.«

Er rennt geschwind nach hinten und versteckt sich in der Küche. Er will gerade in den Küchenschrank kriechen, als ihn die Tante dabei erwischt.

»Hey, was fällt dir ein? Raus aus dem Küchenschrank, und zwar dalli!«

Die Tante packt ihn wieder am Nacken und zieht ihn in ihr Zimmer und zum Bett.

»Miese Schlampe, ich weiß schon, jetzt muss ich schmutzige Sachen machen!«

»Genau«, sagt die Tante, »Papa und Mama wollen es so.«

Er sitzt auf dem Bettrand, den Daumen im Mund.

»Beeil dich, Rotzlöffel. Ausziehen! Und nimm den Daumen aus dem Mund.«

»Ich möchte aber nicht, Tante.«

»Nun mach schon. Es ist doch überhaupt nicht schlimm.«

»Nein, Tante, das ist schmutzig.«

»Jetzt steh endlich auf!«

Er steht auf und zieht sich brav aus. Ich schubse ihn aufs Bett.

»Jetzt hörst du zu! Die Tante sagt, wo's langgeht. Kapiert?«

»Ja, Tante.«

Wir liegen zusammen auf dem Bett. Jetzt fängt er an, die Tante zu streicheln. Auf einmal macht es ihm Spaß, und es erregt ihn. Er gibt sich sehr viel Mühe, es der Tante recht zu machen. »Mach ich es so richtig, Tante?«

»Du machst das ganz großartig. Siehst du, mein Junge, du kannst das doch prima.«

»Oh Tante, ich finde gar nicht mehr, dass Sie eine Schlampe sind.«

Vögeln kann das Bürschchen allerdings nicht mehr.

»Hast du das Dingsda noch, Tante?«

»Natürlich, mein Junge.«

Tante steckt den alten Philips-Massageapparat mit Ringelschnur in die Steckdose. Das Ding macht ziemlichen Krach, aber es vibriert schön. Ich halte es auf seine Eichel. Er hat im Nu einen Orgasmus. Dann ruht er sich noch einen Moment aus.

»Auf Wiedersehen, Tante, bis zum nächsten Mal, wenn Papa und Mama wieder meinen, ich muss einkaufen gehen.«

Kopf oder Zahl?

Louise, 1975

Jemand klopfte kräftig an die Fensterscheibe. Ich war gerade erst in der Oude Nieuwstraat angekommen und noch dabei, mein Zimmer fertig zu machen. Ich also zur Tür, um nachzusehen, wer da war. Draußen standen zwei tolle stramme Burschen vor der Tür. Sie fragten, ob sie zu mir reinkommen dürften.

»Aber natürlich, kommt rein!«

»Also, wir haben dich gerade gesehen, wie du vorbeigegangen bist, und da dachten wir: Mensch, das ist ein tolles, geiles Weib.«

»Freut mich, ich bin die Marie. Und wie heißt ihr?«

»Ich bin Lou.«

»Und ich bin der Frans, und wir kommen aus Limburg.«

Das war unüberhörbar: Das weich ausgesprochene »g«, typisch für die Leute aus dem Süden, hatte sie bereits verraten.

»Und, Männer, was machen wir?«

Sie schauten sich an und waren ratlos, die wagemutigen Boys.

»Na, raus mit der Sprache. Ich fress euch schon nicht auf.«

»Wir wollen Kopf oder Zahl machen, und wer gewinnt, der darf mit dir ordentlich bumsen.«

»Prima. Ich bin für Verkehr immer zu haben.«

Also holten sie einen silbernen Gulden heraus.

»Was nehmt ihr?«, fragte ich.

Frans nahm Kopf und Lou Zahl. Ich warf den Gulden in die Luft, fing ihn auf und schlug ihn von der einen Hand in die Handfläche der anderen. Wir schauten gespannt auf die Münze, und es war … Kopf. Also hatte Frans gewonnen. Ich aber fragte mich: Was will Lou dann eigentlich machen? Sie hatten vereinbart, dass nur einer bumsen sollte. Der andere würde sich dabei einen rubbeln und mal gucken, was der andere so draufhatte in Sachen eine Nummer schieben.

»Also, Jungs, das wäre erledigt. Wir wissen jetzt, wer randarf. Aber mit Münzenwerfen ist es nicht getan, ihr müsst auch noch ein paar Münzen bezahlen.«

Sie lachten herzlich. »Oh ja, Entschuldigung, selbstverständlich. Wir haben schon was zusammengelegt.« Frans bezahlte hundertfünfzig Gulden für beide zusammen. »In Ordnung, Marie?«

»Wunderbar, Frans und Lou, legt eure Sachen mal hier auf den Stuhl. Ich hab schon mal die Kondome rausgelegt.«

Sie sahen gut aus mit ihren starken Körpern und den dunklen, lockigen Haaren. Echte Männer aus dem Süden. Wir legten uns erst zu dritt aufs Bett, und sie streichelten mich liebevoll. Nach zehn Minuten stellte sich Lou neben das Bett. Von dem ganzen Streicheln war sein Schwengel ordentlich gewachsen, und er musste ihn gut festhalten. Ich dachte bloß: Prima, der ist schon mal gut versorgt. Frans stand auch auf, ebenfalls mit einem schönen großen Schwengel, und fragte: »Marie, schaffst du das denn?«

»Aber klar«, sagte ich.

Tja, also Frans wusste, wie's geht, und Lou rubbelte kräftig. Mensch, das Bett stand keine Sekunde still! Alles lief perfekt.

»Marie, das war der Himmel auf Erden!«

Die zwei strammen Schwengel wurden wieder eingepackt, und sie sagten: »Vielen Dank, das war mal was anderes. Super! Wahnsinnsklasse, hey.«

Und da zogen sie wieder ab.

»Hey, ihr zwei«, rief ich und machte ihren Dialekt nach, »grüßt mir eure Mam.«

»Hä?«

»Grüße an eure Mam, und zwar von Marie aus dem Rotlichtviertel.«

Sie kugelten sich vor Lachen. »Ja klar, machen wir, Marie.«

Unsere eigenen vier Wände

Martine, 1978

Nach fast zehn Jahren Anschaffen auf dem Oudezijds Voorburgwal arbeiteten Loes und ich beide in der Oude Nieuwstraat, einer Gasse zwischen dem Singel und der Spuistraat. Da gab es damals neun Bordelle, die alle von älteren Huren betrieben wurden. Kitty, Katja, Marie, Hannie an der Ecke, Emmy, Wies... Sie alle waren alte Hasen im Geschäft und sorgten gut für ihre Mädchen. Meistens wohnten sie obendrüber, so bekamen sie immer alles mit.

Ich war bei Marie im Keller, in Nummer sechs. Loes war bei Katja. Obwohl sie gut für uns sorgten, hatten wir inzwischen die Nase voll davon, immer nur für jemand anderen die Beine breit zu machen. Jahrelang versuchten wir ein Bordell zu übernehmen, bekamen aber keinen Fuß in die Tür. Von der De-Wallen-Unterwelt hielten wir uns eher fern. Und so waren wir trotz allem Außenseiterinnen; wir gehörten nicht richtig dazu. Die anderen gingen oft zusammen noch was trinken, aber wir waren arbeitende Mütter und mussten am nächsten Morgen wieder fit sein. Loes' Kinder waren aus Nigtevecht zurück, und ich hielt seit Jahren zusammen mit Jan die Familie am Laufen. Früher musste man sich verpflichten, an sechs Tagen in der Woche zu arbeiten. Deshalb wollten wir einen eigenen Laden, denn dann konnte man sich die Zeit frei einteilen.

Bekannte wussten was in der Koestraat, einer kleinen Nebenstraße zwischen Kloveniersburgwal und Achterburgwal, in der Nähe vom Nieuwmarkt. Es war eine kleine Bordellstraße, in der die Huren viel von der Tür aus anschaffen gingen. Das eigentliche Geschäft fand dann oben in den Zimmern statt.

Unser neues Bordell war in der Mitte der Straße bei Nummer vierzehn. Es war ein ehemaliges Lumpenlager, ein Gewerbegebäude. Als wir zum ersten Mal dort waren, stand alles noch voll mit den Leitern und Eimern der Fensterputzer. Es sah wirklich schrecklich aus: Alles musste komplett umgebaut werden. Von den alten Ganoven des Viertels hatten wir gehört, wie man das am geschicktesten einfädeln konnte: Klappe halten, niemandem erzählen, was man vorhat, und dann sein krummes Ding durchziehen. Unser Plan war, zuerst heimlich alles innen fertig zu machen. An einem Wochenende wollten wir dann schnell die Fenster einsetzen, den Laden sofort eröffnen und loslegen.

Aber bis dahin würde es noch eine Weile dauern. Auf dem Dach stand ein riesiger Sendemast fürs Radio, der von der Feuerwehr auf unsere Kosten heruntergeholt werden musste. Es mussten auch neue Abwasserrohre verlegt werden; die Straße musste also aufgerissen werden. Zum Glück konnte mein Mann Jan vieles davon machen. Letztendlich waren ganze zwei Jahre lang Arbeiter, Familie und Freunde mit dem Umbau beschäftigt. Erst 1978 konnten wir eröffnen.

Wir hatten einen Empfangsraum, jede ein eigenes Zimmer mit einem stabilen, etwas breiteren Bett von einem

Meter zwanzig, ein Badezimmer und eine kleine Küche, in der wir uns selbst etwas zu essen machen konnten. Das Bordell hatte keine Genehmigung, wurde aber wie alle Bordelle damals geduldet. Das Bordellverbot wurde erst viel später, im Jahr 2000, abgeschafft.

Ärger hatten wir trotzdem, nicht mit den Behörden, aber mit den alten Puffmüttern, die gerne mal zum Stänkern kamen. Zum Beispiel mit dem »Pferdekopf« – die war eine richtige Gaunerin. Sie vermietete ein Stück weiter die Straße hoch ein paar Zimmerchen. Wenn die was getrunken hatte, wurde sie unangenehm. Bei der Eröffnung kam sie sturzbesoffen herein. »Soll ich euch fünf Gulden als Masseltoff geben?«, fragte sie und fiel betrunken auf unser neues Ledersofa. Nach ein paar Stunden mussten ein paar Bekannte sie raustragen.

Aber das konnte uns die Stimmung nicht verderben. Wir waren verdammt stolz auf unsere eigenen vier Wände!

Der Gewichtheber

Louise, 1979

Nelis kam den ganzen Weg von Haarlem mit dem Fahrrad. Er war schon im Oudezijds Voorburgwal zu uns gekommen, dann mit in die Oude Nieuwstraat umgezogen und von dort mit in die Koestraat. Er wusste uns immer zu finden!

»Darf ich mein Rad mit reinnehmen, Dollie? Und kann ich dann mit zu dir? Ich will gern ein Stündchen bleiben.«

»Na klar, du darfst doch immer. Aber was ist denn los, Nelis? Hinkst du etwa?«

»Ja leider, Fahrradfahren geht besser als Laufen. Da liegen meine Eier auf dem Sattel und die Gewichte auch.«

»Ach ja?« Ich wusste nicht so genau, was er meinte, sagte aber: »Deswegen also der breite Sattel. Sonst alles okay bei dir, Nelis?«

»Haste ein Glas Wasser für mich?«, fragte er.

»Komm, wir setzen uns erst mal gemütlich hin.«

»Nein, nein!«

»Warum denn nicht?«

»Ich hab heute ordentlich was in der Hose, verstehste?«

»Fantastisch. Da hab ich ja Schwein heute! Na dann los, zeig mal, was du in der Hose hast!«

Nelis zog seine Hose runter, und ich sah zwei Gewichte,

die an seinem Lümmel baumelten. Um die Taille hatte er einen Gürtel, an dem Bänder befestigt waren, die um seinen Lümmel und die Eier gebunden waren. An diesen Bändern hingen weitere Gewichte, die seine Eier nach unten zogen.

»Alle Achtung, Nelis, du hast in der Tat ordentlich was in der Hose!«

Nelis lief gebückt durchs Zimmer und sah mich dabei erwartungsvoll an. Bei seinem Anblick fiel mir prompt die Waage vom Gemüsehändler ein.

»In meiner Tasche sind noch zwei Gewichte. Kannst du mir die mal geben, Dollie?«

»Natürlich. Und was hast du damit vor?«

»Ich will mit meinen schlappen Klöten heute noch ein bisschen Gewichtheben üben. Das mach ich jeden Tag. Kannst du mal die beiden zusätzlichen Gewichte an meine Eier hängen?«

»Gern.« Und ich befestigte die beiden Gewichte an zwei Ringen. Die wogen mindestens ein Pfund das Stück. Ich dachte: Du meine Güte, überlebt der das?

»Du bist wirklich ein ganz besonderer Bodybuilder mit diesen vier Gewichten an deinen Eiern. In denen ist noch ganz schön Zug drin.«

Nelis rannte noch ne Runde durchs Zimmer, aber dann war er geschafft. Er setzte sich hin und bat mich um eine Tasse Kaffee.

»Hilfste mir mal, Dollie?«

Wir holten zwei Gewichte runter, und Nelis packte sie zurück in seine Tasche. Die anderen beiden verschwanden wieder in seiner Hose.

»Ich muss los, Dollie. War schön, dich gesehen zu haben.

Zu Hause mach ich noch kurz weiter mit dem Gewichtheben. Dann spritze ich von ganz allein in der Gegend rum.«

»Na, dann mach's gut, du Glückspilz.«

Nelis schnappte sich sein Rad und fuhr fröhlich davon. Auf dem breiten Sattel den ganzen Weg zurück bis nach Haarlem.

Drogentherapie

Martine, 1980

Loes und ich arbeiteten jahrelang zu zweit in der Koestraat. Wir hatten viele Stammkunden. Einige wollten einfach nur in der Badewanne liegen. Mit viel Schaum. Klar, warum auch nicht? Dann vollendeten wir eben dort in der Wanne unsere Arbeit. Wir hatten ein rosa Badezimmer mit rotem Licht. Alles war pastellrosa: die Badewanne, das Waschbecken, das Klo.

Später haben wir dann auch Zimmer vermietet, so wie alle älteren Huren das machten. Aber die Gegend kam immer mehr herunter; Heroin war ein großes Problem. Wir wussten nicht, wie uns geschah! Manchmal liefen ganze Horden von Junkies bepackt mit Diebesgut Richtung Zeedijk: Fahrräder, Autoradios, Fotoapparate – kurzum: Alles, was nicht niet- und nagelfest war, wurde geklaut. Und untereinander hatten sie die ganze Zeit Zoff!

Für uns begann der Kampf ums Überleben. Die kleinen Läden verschwanden, und mit dem Viertel ging es immer mehr bergab. Fürs Geschäft war das eine Katastrophe. Unsere Kunden wurden bedroht und überfallen. Die Straße wurde zwielichtig. Wir wehrten uns, so gut es ging. Aber die Junkies brauchten auf Teufel komm raus Geld für ihren nächsten Schuss. Sie liefen mit Messern herum und kreisten die Leute ein. Wir schrien Zeter und Mordio, um Überfälle zu verhindern und die Leute zu retten. Die Opfer nahmen wir mit zu uns rein, um sie zu beruhigen: ein Glas Wasser, hinsetzen und ausruhen. Danach brachten wir sie bis zur nächsten Straßenecke. Oder wir riefen ihnen ein Taxi. Es war schrecklich. Den ganzen Tag ging das so. In den Zeedijk, nur zwei Straßen entfernt, konnte man nicht mehr gehen. Immerhin kannten uns die meisten Junkies und sagten zu den anderen: »Die müsst ihr in Ruhe lassen.«

Wegen der drogenabhängigen Mädchen veränderte sich auch die Straßenprostitution: Die Mädchen machten viel für wenig Geld. Und die Kerle fuhren darauf ab; es war furchtbar. Wenn Heroinmädchen bei uns arbeiten wollten, mussten sie vorher runter vom Stoff. Und es wurde nicht unter Preis gefickt. Diese Mädchen zogen den Kunden noch mehr Geld aus der Tasche als wir.

Manchmal fanden wir eine Spritze, oder sie rauchten es. Das war erschreckend. »Hör doch damit auf!«, sagten wir dann besorgt. Wir gaben ihnen zu essen und ein Dach über dem Kopf. Viele im Viertel fanden, man dürfe den Heroinhuren keine Arbeit geben. Man ließ diese Mädchen einfach krepieren. Und keiner tat was. Auch die Sozialeinrichtungen rührten keinen Finger.

Wir fanden: Das sind doch auch Menschen! Wir haben den ganzen Tag für sie gekocht, als ob wir das »Hotel Bordell« wären. Wir machten auch ihre Wäsche, und sie bekamen von uns Sachen zum Anziehen. Und: Sie mussten zum Methadonbus! Es ging sogar jemand mit, um das zu kontrollieren. Viele sind von dem Zeug runtergekommen. Zum Glück. Und das alles haben wir ohne Subventionen geschafft! Wir haben noch was gut beim Staat!

Ein Tag im Amsterdamer Zoo

Louise, 1983

»Guten Morgen, Schwesterherz.«

»Hallo, guten Morgen, Tien.«

»Zu blöd, dass das Auto kaputt ist.«

»Tja, wenn's fährt, ist es ein nettes Spielzeug, aber mit dem Bus geht es doch auch prima. Man setzt sich hin und wird gefahren.«

Tien und ich wohnten inzwischen nebeneinander im Hilversumpad in Almere. Morgens tranken wir immer erst eine Tasse Kaffee zusammen. Die Kinder waren dann schon in der Schule. Pa und Ma waren auch nach Almere gezogen und schmissen an diesem Tag den Haushalt. Sie gingen den ganzen Weg von Waterwijk zu Fuß, waren unterwegs einkaufen und kamen dann in eine unserer Wohnungen, um die Kinder nach der Schule in Empfang zu nehmen.

»Ma kocht heute ihre wunderbare Gemüsesuppe.«

»Oh, lecker! Ich kann es kaum erwarten.«

»Sag mal, Tien, weißt du, was das Allerschönste an Almere ist?«

»Keine Ahnung!«

»Also: Das Allerschönste ist der Bus nach Amsterdam.«

Tien kriegte sich vor Lachen kaum noch ein. »Dann lass uns mal schnell einsteigen.«

Wir also mit Sack und Pack zur Bushaltestelle. »Guten Morgen, Herr Busfahrer. Schönes Wetter heute, was?« Ich ging strahlend weiter, Tien zahlte.

»So, so, meine Damen, kleiner Ausflug nach Amsterdam?«, fragte der Busfahrer.

»Wir besuchen heute unsere Verwandten im Zoo«, sagte Tien. »Wir gehen die Affen angucken. Wollen Sie mit?«

»Ich würd schon gern«, sagte der Fahrer. »Man hat nicht alle Tage die Chance, zwei so prächtige Damen auszuführen. Sie sehen zum Anbeißen aus, wirklich wahr!«

Wir saßen brav nebeneinander und guckten aus dem Fenster, als könnten wir kein Wässerchen trüben. Wenn der Busfahrer wüsste, von welchen Tieren unser spezieller Zoo so bevölkert wurde! Der Bus sauste durch die Polderlandschaft. Seen und Kanäle, so weit das Auge reichte. Links ein Kirchturm, rechts Muiderberg, und dann raste der Bus auf die Autobahn Richtung Amsterdam. Über die Brücke an Weesp vorbei, Ausfahrt Muiden. Wir waren fast da.

Wir dösten vor uns hin und erschraken, als der Busfahrer rief: »Aussteigen, meine Damen, eure Verwandtschaft wartet. Auf in den Zoo!«

»Danke, Herr Busfahrer. Noch eine gute Schicht heute und bis zum nächsten Mal.«

Wir gingen zum Nieuwmarkt. »Na, Loes, wie du siehst, ist es hier genau wie im Zoo. Das könnte heute lustig werden.«

Wir gingen direkt in die Koestraat. Hier war viel los.

»Die Mädchen sind heute schon früh dabei«, sagte Tien.

»Ich seh's. Dahinten läuft ja auch schon so ein geiler ›Trockenhengst‹.

»Was sagste, Loes?«

»Ich seh da hinten so nen ›Trockenaufgeiler‹ ankommen.«

»Kannste mal sehen, sind wir heute doch im Zoo!«

Wir also nichts wie rein in die Hausnummer vierzehn. Alle Sachen einräumen, umziehen, und schon waren wir fertig für unseren Rotlicht-Zoo. Es war nicht kalt, also hatte ich ein hübsches Anschaffkleidchen angezogen und stand seelenruhig in meiner Tür. Und wer kam da an? Der Trockenaufgeiler. Wie die Biene zum Honig kam er schnurstracks auf mich zu. Er blieb vor mir stehen und fragte: »Wie teuer?«

Ich dachte: Du kannst mich mal, such dir ne andere.

»Also, wie teuer?«

Ich sagte: »Für dich nichts, Knalltüte.«

Er legte einen Finger auf den Mund und musterte mich von Kopf bis Fuß. Das machte mich ganz wahnsinnig, denn im selben Moment entdeckte ich einen guten Kunden, den ich mir wegen dieses Trockenhengstes nicht entgehen lassen wollte. Der aber sagte, er wolle jetzt reinkommen.

»Vergiss es, du Trockenhengst! Kannst aufhören, mir was vorzuspielen.«

Der Durchgeknallte blieb vor mir stehen und rubbelte sich einen mit der Hand in der Hosentasche.

»Das ist aber ne tolle Methode, um gratis auf seine Kosten zu kommen!«, schrie ich ihn an. »Hau jetzt endlich ab!«

Der Mistkerl war stur wie ein Esel und blieb wie angewurzelt stehen. Ich rannte ins Haus, füllte einen Eimer mit Wasser und kam wieder zurück auf die Straße. Da stand der Trockenaufgeiler immer noch, als wäre er dort angenagelt. Ich wurde sauer, schnappte mir den Eimer und kippte ihm das Wasser über den Kopf.

»Aber gnädige Frau!«

»Nix ›gnädige Frau‹! Hau endlich ab!« Ich rief ins Haus: »Tien, lass noch mal nen Eimer volllaufen für den Fall, dass der Typ hier nicht in die Gänge kommt.«

Endlich war der Trockenhengst abgekühlt. Flink wie ein Hase nahm er die Beine in die Hand und verschwand.

»Hey, Tien. Bist du startklar?«

»Sicher, Loes. Wie seh ich aus? Kann ich damit auf die Straße?«

»Natürlich, Tien, geiles Kleidchen mit dem Schlitz. Na dann wollen wir mal anschaffen gehen. Vielleicht kriegen wir ja nen Kunden zu zweit.«

»Das klappt heute bestimmt«, sagte Tien. »Ich kehr nur noch schnell die Straße. Pass mal auf, Loes, ich feg uns die Kunden im Handumdrehen ins Haus.«

Da kam die Nachbarin vorbei. Tante Coba nannten wir die. Sie war schon sehr lange mit einem Chinesen verheiratet.

»Tag, Tante Coba, wie geht es Chang?«

»Um einiges besser, danke.«

Tien fegte in aller Ruhe weiter. Als ein Kunde ankam, sagte sie: »Hallo, Piet, ich feg dich gleich ins Haus rein.« Und sie putzte seine Schuhe mit dem Besen.

Piet kugelte sich vor Lachen. »Aber Mollie, ich bin doch nicht zum Schuheputzen hier!«

»Weswegen denn dann?«

»Was glaubst du denn, Mollie? Also wenn du's nicht weißt! Komm, wir machen schön geil miteinander rum.« Piet ging ins Bordell, und Tien drückte mir den Besen in die Hand.

»Fegst du den Rest?«

Tante Coba machte sich auch auf den Weg und fragte, ob sie uns noch was mitbringen sollte.

»Nein, Tante Coba, danke.«

Danach hatte ich Theo, einen Stammkunden. Er blieb eine Stunde mit allem Drum und Dran. So flog die Zeit vorbei, und schon war's Zeit zu gehen.

»Und, Tien, hast du noch gutes Geschäft gemacht heute?«

»Ja, lief nicht schlecht heute, ich hab einen vollen Geldbeutel. Wie ging es bei dir?«

»Prima, ich hab viel Massel gehabt. Dann mach den Laden mal dicht für heute.«

»Machen wir. Auf zur Gemüsesuppe.«

In bester Stimmung fuhren wir wieder zurück nach Almere. Natürlich mit dem Bus.

»Tschüss, Amsterdam. Morgen kommen wir wieder!«

Schön einseifen

Martine, 2011

Da ist Bert. Wir gehen auf mein Zimmer. Er will immer das Gleiche. Für mich ist das praktisch. Bert sagt: »Gnädige Frau, was soll ich sauber machen?«

»Schrubb den Boden extrasauber. Hier hast du eine Schürze. Eimer, Schwamm und Fensterleder stehen im Schränkchen unter dem Waschbecken. Die Putzmittel auch.«

Bert sieht mit der langen Schürze richtig gut aus. Er lässt den Eimer mit Wasser volllaufen und nimmt sich einen Spüllappen. Er fühlt sich pudelwohl.

»Ist es so schön sauber, gnädige Frau?«

Ich sitze gemütlich in meinem Stuhl und schlafe beinahe ein.

»Aufwachen, gnädige Frau. Ich mach Ihnen mal Kaffee.«

»Oh, gerne, Bert. Im Schrank sind auch noch Kekse.«

»Wir setzen uns hier an den Tisch, gnädige Frau. Dann können wir gemütlich Kaffee trinken.«

»Na, Bert, dann lassen wir's uns mal schmecken!«

Danach macht er sich wieder an die Arbeit. Bert findet es herrlich, mit dem Wasser herumzukleckern.

»Aber Bert, was hast du denn da? Da ist ja ein Loch in deiner Schürze!«

Bert hat seinen Penis durch das Loch gesteckt und wäscht

ihn mit dem Schwamm, mit dem er gerade noch das Fenster eingeseift hat. Ich nehme das Fensterleder und schlage seinen Penis damit so lange, bis er kommt.

»Vielen Dank, gnädige Frau.«

Bert gehört zu einer aussterbenden Rasse. Früher hatte man im Schnitt drei »Haushaltshilfen« pro Woche und bekam obendrein auch noch Geld dafür. Sie arbeiteten gut und waren sehr hilfsbereit. Wenn man wollte, hatte man Anstreicher, Zimmermänner, Automechaniker und vieles mehr. Man war mit allem gut versorgt. Es gab auch gute Köche. Manchmal kamen die dann auch zu uns nach Hause, um zu kochen. Die ganze Familie hat sich die Finger abgeschleckt und das Essen genossen. Und sie genossen die Aufmerksamkeit, das Lob und dass ihre Anwesenheit geschätzt wurde. Ein paar Tage später kamen sie zu mir ins Bordell, wo sich dann alles um ihre Bedürfnisse drehte. Und danach machten wir wieder einen neuen Termin fürs Kochen aus. Oder fürs Putzen, Anstreichen oder was auch immer. Ganz zu schweigen von den Finanz-Jungs, die alles Mögliche für einen regeln wollten und die tollsten Geschichten über Anlagemöglichkeiten erzählten. Die wussten, wie sie einem das Geld abschwatzen konnten. Man legte das Geld gut an, aber erlitt auch mal Verluste. Meistens wollten die auch bumsen.

»Ist in Ordnung«, sagte ich dann, »aber erst wird bezahlt.« Schließlich bezahlte ich meinen Buchhalter ja auch für seine Arbeit. Ach, man sollte die Leute, die für einen arbeiten, immer bezahlen. Dann bleibt man ein unabhängiger Mensch.

Der bedauernswerte Nachbar

Louise, 1984

Es war noch früh. Die Koestraat sah sauber und einladend aus; die Straßenfeger waren gerade hinter der Straßenecke verschwunden. Vorher hatten sie noch schnell einen Becher Blümchenkaffee vor unserer Tür getrunken und ein Schwätzchen gehalten. Das waren prima Burschen. Meine Schwester Martine war immer das Kaffeefräulein. Ich glaube, sie ist bereits mit der Kaffeekanne in der Hand geboren worden.

»Mensch, Tien, der Kaffee war lecker. Hast du noch nen Becher?«

»Natürlich, Loes, ich hol dir noch einen. Und dann mach ich mich gleich mal auf den Weg zum Gemüseladen.«

Martine war gerade weg, als unser Nachbar aus Almere von zwei Straßen weiter aufkreuzte. Er war überrascht, mich zu sehen.

»Guten Morgen, Nachbarin. Wie geht's?«

»Alles in Butter, Herr Nachbar. Schönes Spazierwetter, nicht wahr?«

»Stimmt. Ich musste gerade hier in der Gegend was für meinen Chef besorgen.«

Ja, ja, die Leute kenn ich; die Ausrede hab ich schon oft gehört. Der Nachbar ging weiter, und ich schaffte weiter an. Da kam ein Stammkunde. Er kam mit aufs Zimmer und wollte einen Quickie. Nur schnell rein-raus, immer in Eile, der Mann.

Und wer kam an, als ich wieder in der Tür stand? Drei Mal dürfen Sie raten. Der Herr Nachbar! Er ging schnurstracks auf mich zu und fragte: »Nachbarin, darf ich bitte mit rein?«

»Wieso?«

»Meine Frau liegt im Krankenhaus, und jetzt hab ich niemanden für den Sex.«

»Aha, verstehe. Dann komm mal mit rein.«

Der Nachbar ging in mein Zimmer und sah sich um. Ihm war unbehaglich. Er legte sich sofort aufs Bett.

»So läuft das hier nicht, Herr Nachbar.«

»Nein, wie denn dann?«

»Erst wird bezahlt.«

»Okay, das geht in Ordnung.«

Er gab mir das Geld, und das Spiel konnte beginnen. Aber der Nachbar zierte sich.

»Na komm schon. Was soll das?«, fragte ich.

Plötzlich wollte er alles Mögliche. Ich dachte: Den muss ich im Zaum halten. Also packte ich ihn, hielt ihn an der kurzen Leine und ließ ihn seinen Fick machen. Danach war alles wieder in Ordnung.

»Das war superklasse, Frau Nachbarin.«

»Das will ich auch meinen. Grüß deine Frau und gute Besserung.«

Der aufdringliche Nachbar

Martine, 2006

Ich war auf dem Weg zum Bahnhof in Almere. Am Ende der Straße wurde auf einmal aufgeregt gehupt. Ein Nachbar hielt an und fragte: »Wo musst du hin?«
»Nach Amsterdam.«
»Ich kann dich bringen.«
»Das ist nicht nötig.«
Aber er drängelte weiter. Ich zögerte, doch schließlich stieg ich ein. Ich kannte ihn seit Jahren und hatte nie Schereien mit ihm gehabt. Er fuhr zu schnell, fand ich, und trotzdem dauerte die Fahrt ewig.
»Ich bring dich bis zur Arbeit.«
»Nein, setz mich ruhig hier ab. Ich finde es dann schon.«
Aber da hatte er auch schon einen freien Parkplatz am Singel gesehen und parkte das Auto. »Ich bring dich schnell. Dann kann ich dir die Tasche tragen.«
Wir gingen in die Oude Nieuwstraat bis zu meinem Zimmer. Ich schloss die Tür auf, er stellte meine Tasche rein und sagte: »Ich will mit.«
Ich sagte: »Nein, das will ich nicht mit einem Bekannten...«
Aber er ließ nicht locker. Plötzlich packte er mich und zerrte an meinen Kleidern. Ich schubste ihn weg.

»So geht das nicht! Das kostet Geld.«

»Aber für mich doch nicht?«

»Umsonst ist nur der Tod.«

Da holte er dann doch noch sein Portemonnaie heraus und bezahlte. Eigentlich fand ich es zu wenig, aber ich dachte: Egal, dann beeile ich mich halt. Umso schneller würde ich ihn wieder los sein. Er war ziemlich anspruchsvoll und dabei auch noch hartnäckig. Ich musste ihn gut im Auge behalten. Es war alles ohne Drumherum und ab durch die Mitte, sodass das Fest schnell vorbei war. Er zog ab.

Ab und zu hupte er noch, wenn er mich auf der Straße sah. Ob ich wieder mitwolle? Dann ging ich schnurstracks weiter. Meine Schwester und ich waren manchmal bei ihm und seiner Frau zu Besuch. Mit seiner Frau war es immer sehr nett. Aber irgendwann begegneten wir uns, und sie grüßte noch nicht einmal. Als ob wir Luft wären für sie. Wenn so was nur einmal vorkommt, dann steck ich das weg. Aber als ich sie eines Morgens im Supermarkt traf und sie wieder nichts sagte, wurde ich sauer. Ich musste sofort an ihren Mann denken und wie mies der war. Dafür trug sie den Kopf ganz schön hoch. Die wusste ja noch nicht mal, was für einen Kerl sie da hatte!

An einem sonnigen Nachmittag gingen meine Schwester und ich an ihrem Haus vorbei, und sie stand am Gartenzaun. Wir hielten ein Schwätzchen. Sie traute sich nicht, uns zu ignorieren, aber sie war sehr nervös. Wir sprachen über die Kinder, und so wurde es doch noch ein nettes Gespräch. Sie erzählte, dass sie heute Spaghettisoße machen wolle. Plötzlich erschrak sie, denn da kam ihr Mann. Kurz angebunden verabschiedete sie sich von uns.

»Tschüss«, sagten wir zu ihr, und zu ihm sagten wir: »Wie geht's? Lange nicht gesehen. Sicher viel zu tun?«

Er reagierte nicht und ging ins Haus. Zu seiner Frau sagte er, sie müsse mit dem Kochen anfangen und solle auch mit reinkommen.

»Hey, sag mal, das kann sie ja wohl selbst bestimmen, oder? Wir sind gleich fertig mit unserem Schnack.«

Seine Frau saß sichtlich in der Klemme.

»Geh mal schnell essen machen, sonst wird dein Kerl noch ungemütlich«, sagten wir zu ihr. »Wenn du mehr Zeit hast, quatschen wir weiter. Na dann, noch nen schönen Abend mit deinem Mann!«

Sklavin auf Zeit

Louise, 1985

An einem Samstagabend hatte mich Pina, eine gute Freundin, gebeten, im Fenster ihres Bordells zu sitzen. Pina war eine strenge SM-Domina. Sie hatte am Oudezijds Achterburgwal, an der Ecke zur Koestraat, ein eigenes Bordell. Pina war immer von Kopf bis Fuß in schwarzes Leder gehüllt. Sie war leichenblass und hatte lange pechschwarze Haare. Ich trug ein enges, schwarzes, glänzendes Kleid, Stiefel mit Stiletto-Absätzen und wurde für diesen Abend stark geschminkt. Üppig angemalt setzte ich mich auf einen Stuhl ins Fenster mit Blick auf die Gracht. Ich erregte viel Aufsehen.

Irgendwann kam der Spaßvogel Piet die kleine Steintreppe hochgerannt und schaute zur Tür herein. »Was ist denn mit dir los, Loes? Es ist doch noch nicht Karneval!«

»Och, bei mir ist immer Karneval, Piet. Das müsstest du doch wissen.«

»Was machst du hier? Biste nicht mehr in der Koestraat?«

»Doch, natürlich bin ich da noch, aber heute muss ich für Pina, meine Herrin, arbeiten. Geld verdienen. Ich muss auf einen besonderen Kunden warten. Der möchte immer eine Sklavin dabeihaben.«

»Na dann, Masseltoff. Ich guck mal, ob deine Zwillingsschwester noch frei ist. Kurz ne Tasse Kaffee trinken.«

»Okay, Piet, vielleicht seh ich dich später noch. Aber das wird dann ziemlich spät werden.«

»Macht nix. Ich muss sowieso ein paar Mädels von der Arbeit nach Hause fahren. Weißt ja, dass ich Schwarztaxi fahre.«

Aus dem Hinterzimmer erklang die strenge Stimme meiner Herrin: »Sklavin!«

»Ja, Herrin, was gibt's?«

»Jannie hat gerade angerufen. Er ist in zehn Minuten hier, und dann musst du ihn zu mir hereinbringen. Erst anklopfen und um Erlaubnis bitten, ob ihr reinkommen dürft. Verstanden?«

»Ja, Herrin, hab ich verstanden.«

Ich stand im Fenster und hielt Ausschau nach Jannie, damit er schnurstracks zur Herrin gebracht werden konnte. Und da kam er auch schon die Treppe hoch.

»Hallo, Marie.«

»Komm herein, Jannie. Ich bring dich gleich zur Herrin.«

»Vielen Dank.«

Ich klopfte an die Tür und fragte, ob wir hereinkommen dürften.

»Sofort reinkommen, und zwar ein bisschen dalli! Kommt her, Sklave und Sklavin. Kniet nieder.«

Jannie und ich gehorchten aufs Wort.

»Bittet um Vergebung.«

»Aber ich habe nichts verkehrt gemacht, Herrin.«

»Sklave, du bist zehn Minuten zu spät gekommen. Zur Strafe legst du dich sofort hier hin. Verstanden?«

»Ja, Herrin.« Jannie legte sich aufs Bett. Pina ermahnte mich, ihr das nächste Mal besser zuzuhören.

»Und jetzt, Sklavin, hol die Schachtel dort und bring sie mir.«

Ich machte, was sie gesagt hatte. »Bitte, Herrin.«

Die Herrin öffnete die Schachtel und holte ein paar Nadeln heraus. Oh je, und jetzt? Die Herrin ging zum Sklaven und stach ihn mit einer Nadel in die Brustwarzen. Und der Sklave Jannie genoss es. Die Herrin ließ zwei Nadeln in seinen Brustwarzen stecken und nahm die Peitsche.

»Du kannst gehen, Sklavin. Du hast deine Arbeit gut gemacht. Der Sklave bleibt heute Nacht zur Strafe hier – gefesselt.«

»In Ordnung, Herrin Pina. Gute Nacht und auf Wiedersehen.«

Und ich verschwand im Gewühl des Rotlichtviertels.

Der Lederhengst

Louise, 1985

Es war Samstag. Es war Nachmittag und bereits ziemlich voll in der Gegend um den Nieuwmarkt. Ich hatte mit dem Auto schon einige Runden gedreht, um einen Parkplatz zu ergattern, aber immer wieder Pech gehabt. Oh, zum Glück, jetzt wurde ein Platz frei, na endlich! Ich konnte vor dem Fischgeschäft parken. Ich trug einen schönen Anzug aus Nappaleder: einen aparten, ockergelben Blazer und dazu eine passende Hose. Der Anzug stand mir sehr gut, und ich fühlte mich wohl darin. Wenn ich ihn trug, hatte ich gute Chancen bei den Jungs. Ich dachte: Es ist Samstag, da könnte der Lederhengst vorbeikommen. Das wäre nicht schlecht, denn dann würde die Kasse heute gut klingeln. Ich nahm vom Bäcker gleich ein paar Mohrenköpfe mit, die könnten wir später schön vernaschen. An der Ecke zur Koestraat rannte ich dem Lederhengst direkt in die Arme. Er war von Kopf bis Fuß in braunes Leder gekleidet und hatte eine schwere Tasche bei sich.

»Guten Tag, gnädige Frau«, sagte er.
»Guten Tag, Sklave. Wie geht's?«
»Gut, danke.«
»Was machst du hier?«
»Ich war auf der Suche nach Ihnen, Herrin.«

»Das ist gut. Dann komm jetzt mit zu deiner Herrin. Verstanden?«

»Ja, Herrin.« Der Sklave folgte mir mit seiner schweren Tasche in unser Bordell in die Koestraat. Wir gingen durch den langen Flur, der war bestimmt siebzehn Meter lang.

»Warte hier!«

»Ja, Herrin.«

Ich stellte die Mohrenköpfe in den Kühlschrank und die anderen Einkäufe auf den Küchentisch. Dann klopfte ich leise an die Zimmertür meiner Schwester. »Tien? Tien, hör mal. Ich hab jetzt den Lederhengst bei mir. Ich muss also ab und zu durch den Flur gehen.«

»Ist gut, Loes, ich hab ein Auge drauf. Im Moment ist aber sowieso alles ruhig, denn die Mädchen kommen erst am Nachmittag zur Arbeit.«

»Prima, also Masseltoff und bis später.«

Ich ging zurück zum Lederhengst. Als ich ins Zimmer kam, stand er immer noch wie angewurzelt da, sogar den Lederhut hatte er noch auf. Er hatte bestimmt Angst, der Hut würde herunterfallen. Ich holte mir einige meiner Requisiten. Seine eigenen hatte er bereits auf dem Bett ausgebreitet, schön ordentlich nebeneinander. Ich nahm mir ein schweres, dickes Hundehalsband mit einer dicken Kette und sagte: »So, dich leg ich erst mal an die Kette.« Ich band ihm das Halsband mit der Kette um. »Und jetzt, Sklave, gehorchst du deiner Herrin.«

»Ich kann meiner Herrin nicht gehorchen.«

»Ach ja? Das werde ich dir heute abgewöhnen, Sklave.«

Um seine Handgelenke legte ich dicke eiserne Handschellen und band sie vor seinem Schritt zusammen.

»Und jetzt auf die Knie.«

»Das geht nicht, Herrin, ich habe wehe Knie.«
»Das interessiert mich nicht. Gehorche! Auf die Knie!«
Er kniete sich hin, und ich führte ihn zum Bett. Da setzte ich mich hin, und er kniete sich vor mich. Seine gefesselten Hände benutzte ich als Fußstütze. So, mal kurz auf meinem Sklaven ausruhen, dazu sind sie schließlich da. Nach ungefähr zehn Minuten fühlte ich mich ausgeruht genug. Ich stand auf und befahl meinem Sklaven mitzukommen, auf allen vieren. Ich nahm noch eine schwere Kette, band seine Knöchel damit zusammen, und dann gingen wir durch den langen Flur. Ich zog ihn an seinem Halsband hinter mir her. Die schweren Ketten, die über den gekachelten Boden schleiften, machten einen höllischen Lärm. Ich ging mit meinem Sklaven bestimmt zehn Mal hin und her. Er ging vollkommen in unserem Spiel auf und lugte unter dem Hutrand verstohlen zu mir hoch. Dass er dabei so ernst guckte, fand ich urkomisch: Ich hätte mir vor Lachen fast in die Hose gemacht.

Ich dachte: Jetzt bring ich mal ein bisschen Leben in die Bude. »So, komm mal her, Sklave.« Ich fasste ihn von hinten am Kragen seiner Lederjacke und zog ihn auf die Beine. Dabei verrutschte sein Hut, sodass er schief auf seinem Kopf saß. Das sah so bescheuert aus: Ich musste mir auf die Lippen beißen, um nicht laut loszulachen. Ich zog ihn ein Stück weiter zur Tür unserer Rumpelkammer.

»Also, Sklave, du wirst jetzt über deine Sünden nachdenken. Du kommst in den Kerker und wirst dort vorläufig bleiben, gefesselt und bei Wasser und Brot.«

Ich klickte die Kette an einem alten Fahrrad fest, das dort zufällig stand, und sagte: »Tschüss, Sklave. Deine Herrin wird in einer Woche wieder nach dir sehen.« Und ich schloss die Tür dramatisch hinter mir ab, wobei ich so viel Lärm wie möglich veranstaltete.

Und jetzt nichts wie zu meiner Schwester. In der Küche warteten schließlich Mohrenköpfe auf mich, die hatte ich mir jetzt redlich verdient. Also rief ich: »Tien, wo steckst du?«

»Ich bin auf der Straße am Spielen.«

»Oh, du spielst sicher: ›Teddybär, Teddybär, dreh dich um. Teddybär, Teddybär, mach dich krumm‹?«

»Komm, Loes, setz dich gemütlich aufs Sofa, dann hol ich dir nen Kaffee und einen Mohrenkopf.«

»Herrlich. Das wird auch höchste Zeit. Mein Magen hängt mir schon in den Kniekehlen.«

»Und wie war's mit deinem Lederhengst?«

»Tja, Tien, im Moment gehst du besser nicht in unsere Rumpelkammer. Da ist er nämlich gerade im Kerker angekettet.«

»Nein, das ist nicht dein Ernst? Der ist doch schon längst weg oder nicht?«

»Nee, keine Spur. Erst in ner guten Viertelstunde ist der Sklave wieder ein freier Mann.«

»Jetzt hör mal auf mit deinem Sklaven. Ich schmier ein paar Butterbrote. Wie viele willst du?«

»Mach mir mal drei, ich hab schwer gearbeitet.«

»Und was willst du draufhaben? Wurst oder Käse?«

»Würstchen krieg ich hier schon genug.«

»Das kannst du laut sagen!«

»Danke, Tien. Mmm, der Käse is lecker. Bestimmt im Käsegeschäft am Nieuwmarkt gekauft, was?«

»Stimmt!«

»Ja, den Unterschied schmeckt man. Das ist genau wie

bei den Männern. Na, dann werde ich mal den Sklaven befreien. Das Spiel ist vorbei.«

Ich ging in die Rumpelkammer, klickte seine Kette los, packte den Sklaven, brachte ihn in mein Zimmer und sagte: »Sklave, ich habe die Erlaubnis erhalten, dich freizulassen.«

Ich nahm ihm die Ketten, die Handschellen und das schwere Halsband ab.

»Du darfst gehen, Sklave.«

Er verstaute seine Sachen in der Tasche und sah zu, dass er wegkam. »Auf Wiedersehen, Herrin.«

»Auf Wiedersehen, Sklave, bis zur nächsten Sklavenzeit!«

Die Jungfrau und der Mann

Martine, 2010

Ich zieh den Vorhang auf. Da kommt Ed angelaufen. Er möchte sich als Frau verkleiden. Unter seinen Sachen trägt er schwarze Spitzenstrümpfe mit Strapsen und ein aufreizendes Unterhöschen, in dem sein Schniedel fest an den Bauch gedrückt wird. Er zwängt sich in mein rotes Anmachkleidchen und zieht Schuhe mit hohen Absätzen und die langen Handschuhe an. Ich setze ihm eine blonde Perücke auf und male ihm die Lippen rot.

»Mädel, was siehst du hübsch aus! Dich kann man ja so auf die Straße schicken. Geh mal schön Geld verdienen für mich.«

»Das will ich gerne für Sie tun.« Er wirft noch einen letzten Blick in den Spiegel. »Wow, ich seh gut aus!«

»Und jetzt ab ins Fenster mit dir, Ed, und streng dich an, hörst du. Ich will, dass der Rubel rollt heute Abend.«

Er schiebt den Vorhang zur Hälfte auf. »Ich werde Sie nicht enttäuschen, aber ich bin ein bisschen nervös.«

Er steht im Fenster, und haste nicht gesehen, hat er auch schon Kundschaft. Ich warte ab, was passiert. Er ruft panisch: »Ich weiß nicht, was ich machen soll.«

»Erst ein Kondom überziehen. Hast du abgerechnet?«

»Ja.«

»Wie viel?«, frage ich den Kunden.

»Zwanzig.«

»Das ist viel zu wenig. Würden Sie bitte noch was drauflegen? Dann gehen wir zu dritt, und ich kann eventuell helfen. Sie ist nämlich noch Jungfrau, hat gerade erst angefangen. Sie sind ihr erster Kunde.«

Der Mann hat nichts gegen ein Abenteuer. »Na, dann leg ich noch was drauf. Das ist natürlich was ganz Besonderes. Habt ihr schöne Musik? Dann können wir ein bisschen tanzen.«

Wir tanzen fröhlich drauflos und haben mächtig Spaß. Ed geht total in seiner Rolle auf, und der Kunde genießt es. Er ist erregt.

»Ich muss die Zeit im Auge behalten«, sagt er auf einmal. »Jetzt möchte ich mit der Jungfrau spielen.«

Das will die Jungfrau auch. Es klappt alles prima zwischen Ed und dem Mann. Ich setze mich auf den Stuhl und seh den beiden auf dem Bett zu. Das habe ich doch mal wieder schön hingekriegt: zwei Kunden, die in ihrem Spiel vollkommen aufgehen. Ich muss nichts mehr machen. Es geht dort auf dem Bett heftig zu, und es gelingt den beiden, doch tatsächlich im selben Moment zu kommen.

In Hochstimmung verabschiedet sich der Mann. »Ich fand es sehr schön, bis bald.«

Ed liegt noch in seinem roten Kleidchen und mit schiefer Perücke auf dem Bett. Ein zufriedenes Lächeln auf dem Gesicht.

Die Jungfrau ist keine Jungfrau mehr.

Wie aus Hannes Hannie wurde

Louise, 1986

Hannie arbeitete im Bordell Paardenkop, ein Stück weiter die Koestraat rauf. Früher hatte sie Hannes geheißen, aber inzwischen war sie ein heißer Feger mit blonden Haaren geworden. Meine Schwester und ich sahen sie eigentlich täglich. Sie kam oft zu uns rüber, und wir alberten herum und amüsierten uns. Eines Tages sagte Hannie:

»Also, Loes und Tien, ich hatte euch ja versprochen, euch nach der Operation meine frisch erworbene Weiblichkeit zu zeigen. Also dann...«

»Du musst nicht, wenn du nicht willst«, sagten meine Schwester und ich.

»Is schon in Ordnung. Ich zeig's euch gern.«

»Okay, dann gehen wir kurz ins Zimmer nach vorne.«

Gesagt, getan. Hannie legte sich aufs Bett und zeigte uns ihre neue Errungenschaft. Wir machten große Augen. »Die sieht aber hübsch aus, deine neue Muschi. Kein Wunder, dass du stolz auf sie bist.«

»Ein wahrer Künstler, dieser Chirurg.«

»Fantastisch, das haben die gut hingekriegt. Gratuliere.«

Zufrieden zog Hannie ihr Höschen wieder hoch. Sie erklärte, dass sie jetzt bei der Arbeit als Prostituierte keine Probleme mehr hatte und jetzt auch amtlich eine Frau sei.

Wir hatten noch eine Flasche im Kühlschrank liegen, bei uns brauchte keiner auf dem Trockenen zu sitzen. Wir prosteten uns zu.

»Mädels, dann geh ich mal wieder. Es war saugemütlich bei euch.« Hannie ging wieder die Koestraat rauf, um mit ihrer neuen Muschipuschi noch ein paar Kerle aufzureißen.

Kurz darauf hatte Hannie einen marokkanischen Freund. Als sie mit Yousef über ein Jahr zusammen war, fuhren sie nach Marokko, wo Hannie die ganze Familie kennenlernte. Hannie wurde von allen akzeptiert. Sie heirateten in Marokko und kamen überglücklich zurück. Und Hannie ging wieder wie gewohnt ins Bordell Paardenkop zur Arbeit.

Ein Schwanz wie ein Pferd

Louise, 1987

Es würde ein voller Tag werden. In einer halben Stunde wollte der Buchhalter kommen, um die Steuerformulare für das Vermieten der Zimmer in der Koestraat auszufüllen.

Tienchen steckte den Kopf zur Küchentür herein. »Loes, ich bereite schon mal alles fürs Mittagessen vor. Es essen auch ein paar der Mädchen mit. Wenn du kurz mal huschi-wuschi die Straße mit dem Schlauch sauber spritzen könntest?«

Ich rollte den Wasserschlauch aus, und jeder, der wollte, wurde von mir nass gespritzt. Da kam ein langjähriger Kunde an. »Sag, Marie, bist du heute am späten Abend auch noch da?«

»Ja klar.«

»Dann komm ich heute Abend kurz vorbei.«

Ich spritzte lustig weiter, als Moniek mit ihrem Hund vom Achterburgwal aus um die Ecke bog.

»Hey, Loes, wie geht's?«

»Prima, und wie geht's dir?«

»Es geht, danke.«

»Na sag mal, das klingt nicht fröhlich. Komm, Moniek, willst du nachher mit uns einen Happen zu Mittag essen?«

»Ja gern.«

»Dann seh ich dich gleich um die Mittagszeit. Masseltoff mit deinen Kunden heute.«

Moniek wohnte im dritten Stock an der Ecke Koestraat, Kloveniersburgwal. Dort hatten wir seit Neuestem ein Häuschen, das gerade mit vereinten Kräften von Freunden und Familie zu einem »Hollands koffie- en eethuis« umgebaut wurde, einer urholländischen Gaststätte. Wir wollten es *Die zwei Stiere* nennen. Wir hatten also viel um die Ohren.

Wir hatten beschlossen, das alte Gebäude zu kaufen, weil damals die Behörden, mehrere Bürgerinitiativen und einige Glaubensfanatiker fanden, dass man Prostitution nicht mehr brauche.

Aber auch die Kriminellen aus unserem Viertel machten uns Ärger. Sie versuchten immer wieder, sich unser Bordell unter den Nagel zu reißen. »Das kann doch nicht angehen. Jetzt haben die zwei Weiber sogar zwei Häuser!«, sagten die. Ja, da staunten sie! Mit unserem eigenen sauer verdienten Hurengeld gekauft!

Damals fanden allerlei widerliche Aktionen gegen uns statt. Wer dachte sich nur so einen blöden Mist aus? Es war kleinbürgerlicher Scheiß. Manchmal wurden unsere Gegner sogar gewalttätig, auch Drohungen gab es. Und die Mädchen, die für uns arbeiteten, wurden bedrängt und eingeschüchtert. Wenn sie draußen beim Anschaffen standen, wurden sie mit Eiern und Tomaten beworfen. Das war ja so mutig von diesen muskulösen Kleiderschränken aus dem Viertel! Aber gut, lassen wir das. Weiter mit der Geschichte:

Also, ich war gerade dabei, die Straße abzuspritzen, da wurde eine Haustür geöffnet, und Alexander Pola, der Schauspieler und Radiomoderator, kam heraus. »Guten Morgen, Loes, schon so geschäftig heute Morgen?«

»Ja, Alexander. Soll ich vor deiner Tür auch spritzen?«

»Gerne, Loes, dann ist es sauber und angenehm kühl. Sag Tien einen schönen Gruß, ja?«

»Mach ich. Tschüss.«

Es liefen schon genug Männer herum; von mir aus konnten sie kommen. Ich rollte den Gartenschlauch auf und blieb noch kurz draußen stehen, um die frische Kühle in unserem gemütlichen Sträßchen zu genießen. Und was für eine Überraschung! Da kam Frank, »das Pferd«, wie wir ihn nannten.

»Sag, Loes, darf ich mit zu dir? Ich lauf hier schon seit einer Stunde rum mit einem Steifen wie ein Pferd. Ich würde mich am liebsten auf die Hinterbeine stellen und mit den Hufen ausschlagen.«

»Ach Frankie, gib nicht so an mit deinem Pferdeschwanz. Das wollen wir doch erst mal sehen. Nachher is er so schlapp wie ein Gummiband, und dann muss ich in der Küche ne Gabel holen, um ihn aufzugabeln und reinzustopfen.«

Frank fing an zu lachen. »Du bist mir vielleicht eine! Jetzt komm schon, es wird höchste Zeit. Ich will mich schön auf die Hinterbeine stellen und herrlich mit dir durchgehen wie ein Pferd.«

»Na klar, aber nur dass du es weißt: Durchgehen wie ein Pferd und über die Stränge schlagen, das ist doppelter Tarif.«

Als ich Frank nach einer guten Stunde Galoppieren wieder zur Tür rausließ, saß Willem der Buchhalter mit roten Ohren bei Tien in der Küche. Sie tranken Kaffee und aßen Mohrenköpfe vom Bäcker am Nieuwmarkt.

»Was hast du denn gerade gemacht, Loes? Hattest du ein Pferd im Stall? Ich hab die ganze Zeit Gewieher gehört.«

»Das stimmt. Ich hatte einen Pferdenarren zu Besuch.«

Willem kriegte sich vor Lachen nicht mehr ein. »Also Loes, ›Koestraat‹ heißt doch eigentlich ›Kuhstraße‹. Ich wusste gar nicht, dass man hier auch auf Pferden reiten kann.«

»Ja, ja, manchmal ist es hier wie in der Reitschule.«

Willem packte die Papiere zusammen. »Also, meine Damen, der Papierkram ist so weit in Ordnung. Ich muss wieder weiter, die Pflicht ruft. In zwei Wochen bring ich euch die Unterlagen wieder zurück.«

»Okay, Willem, auf Wiedersehen.«

»Das war's dann wohl für heute, Tien.«

»Aber nein, Loes, wir müssen uns sogar beeilen. Gleich kommen die Mädchen zum Mittagessen.«

»Ach, stimmt ja. Prima, ich hab nämlich Hunger gekriegt, Tien. Aber danach mach ich mich aus dem Staub.«

Der Anwalt

Martine, 2011

Ich steh im Türrahmen. Da kommt der Anwalt wieder. Im gebügelten Anzug und glatt rasiert kommt er direkt aus dem Gericht an der Prinsengracht und trägt seine schwere Aktentasche.

»Hey, du süße Biene, du siehst in deinen hübschen hohen Stiefeln ja wieder zum Anbeißen aus. Das könnte heute was werden mit uns beiden. Ich komme mit dir mit.«

Wir einigen uns auf den Preis, und auf das, worauf er heute Lust hat. Ich muss ihn mit Handschellen fixieren. Er findet es herrlich, auf dem kalten Fliesenboden zu liegen. Ich schlage ihn sanft mit der Peitsche. Immer wieder nach dem gleichen Ritual: Ich fange oben an und gehe dann nach unten. Ich schlage auf seine Brust und seinen Schritt.

»Fühlt sich gut an, was?«

»Ja, wunderbar. Vielen Dank.«

Ich mache die Handschellen wieder auf. Jetzt muss er sich auf den Bauch legen. Dann fixiere ich ihn wieder und schlage ihm etwas fester auf den Hintern.

»Oh gnädige Frau! Herrlich.«

Noch fester.

»Danke.«

Viel fester.

»Danke, gnädige Frau. Jetzt möchte ich mich mit Ihnen balgen.«

Ich mache ihn los. Er legt sich aufs Bett und will sich balgen. Er nimmt mich in den Schwitzkasten.

»Au, das tut weh.«

»Entschuldigung. Das war nicht meine Absicht.«

»Und trotzdem ist es passiert, Herr Anwalt. Dafür werden Sie von der gnädigen Frau bestraft. Stellen Sie sich in die Ecke, Hände auf den Rücken. Was glauben Sie denn, wer Sie sind?«

»Ich bin der Herr Anwalt.«

»Sie bekommen fünf Stockschläge.«

»Nein, gnädige Frau, das will ich nicht.« Er fängt an zu flennen. Was soll ich bloß mit einem solchen Weichei anfangen?

»Ich mach schnell«, sage ich.

Ich nehme den Stock und schlage eins, zwei, drei, vier, fünf Mal drauf. Er zählt brav mit.

Ich säusle mit süßer Stimmer: »Herr Anwalt, leben Sie noch?«

»Oh, das war herrlich, gnädige Frau.«

»Dann nehmen Sie jetzt Ihre fünfte Extremität in die Hand und massieren sie mal schön.«

Ich nehme wieder den Stock und tippe damit gegen seine Eier. Der Anwalt rubbelt fröhlich drauflos, bis er kommt.

»Vielen Dank, gnädige Frau.«

Er zieht sich an und achtet dabei penibel darauf, dass alles korrekt sitzt. Schnürsenkel binden, Krawatte zurechtrücken, Haare kämmen. Dann hebt er die schwere Tasche vom Boden und geht.

»Dann bis bald mal wieder, gnädige Frau.«

Lange nicht gesehen

Louise, 1989

Ende der 1980er Jahre hatten Tien und ich die Nase voll von all dem Gemecker in der Nachbarschaft. Unser Haus stand zum Verkauf. Ich lehnte draußen an der Fensterbank.

»Hey, Marie.«

»Tag, Piet, lange nicht gesehen.«

»Ach, es is hier nicht mehr wie früher, was?«

»Wem sagste das, Piet. Wo sind die guten alten Zeiten bloß geblieben mit hier und da ner guten Portion Massel?«

»Und lachen und Spaß haben und Witze reißen, das is auch nicht mehr drin.«

»Genauso ist es, Piet. Wenn man mal lacht, gucken die einen schief an und wedeln vor ihrem Kopp herum, als sei man meschugge. Demnächst holen die für mich noch das weiße Auto von der Klapsmühle.«

»Meistens sind das die Leute, denen die anderen egal sind. Und die sich selbst am tollsten und großartigsten finden.«

»Die kaufen jetzt zu sechst oder noch mehr Leuten die alten Häuser auf und wollen hier im Rotlichtviertel auf schick machen.«

»Ja, ja, die haben fast alle irgendwann mal studiert.«

»An der Ecke vom Achterburgwal sitzen auch schon solche und kriegen auch noch Subventionen von der Stadt dafür. Die bekommen immer mehr Aufmerksamkeit und machen dann den anderen das Leben schwer. Die Bordelle haben sie auch auf dem Kieker. Die Idioten machen aus dem Viertel hier ein abgeschlossenes Dorf.«

Piet schüttelte den Kopf. »Bescheuert is das.«

»Früher wohnten mein Vater und meine Oma in der Ouwe Hoogstraat. Später wohnte unsere Tante da mit ihren Kindern. Und meine Schwester und ich sind dort oft am Wochenende zu Besuch gewesen. Wir wohnten damals an der Amstelkade in der Nähe vom Apollo Hotel. Unsere Eltern erlaubten uns, mit der Fünfundzwanziger-Straßenbahn zum Dam zu fahren, und wir liefen Hand in Hand durch die Damstraat zur Ouwe Hoogstraat. Dann besuchten wir unsere Tante und spielten mit unseren Nichten. Das war immer sehr schön. Wir waren damals elf Jahre alt. Im Sommer durften wir uns ein Eis bei Tofani am Kloveniersburgwal holen.«

Piet nickte: »Wenn ich mit meinen Eltern zur Kirmes am Nieuwmarkt ging, bekam ich auch immer ein Eis bei Tofani. Meistens Erdbeere in einer großen Waffel. Zu der Zeit gab's Truus noch nicht.«

»Nein, die Mutter von Truus hatte ein Süßwarenlädchen hier um die Ecke in der Bethaniënstraat. Da kauften wir unsere Lollis und Süßigkeiten. Und Zuckerstangen für unseren Vater und unsere Mutter. Später haben Truus vom Süßwarenladen und Lio Tofani vom Eisladen geheiratet.«

»Ich weiß noch, ihr habt da oft zum Quatschen draußen gesessen mit der gesamten Hurenclique aus der Koestraat. Manchmal bin ich mit euch dort hängen geblieben, das war dann jedes Mal saulustig.«

»Ich hatte auch noch eine Tante hier am Achterburgwal. Tante Mia, die war mit einem Chinesen verheiratet. Wenn unsere Mutter auch mit zu Besuch war, haben wir in der Ouwe Hoogstraat Nasi und Bami Goreng geholt mit viel Kroepoek.«

»Ach Marie, weißt du noch, wie viel früher in der Ouwe Hoogstraat los war? Das war damals noch eine richtige Durchgangsstraße mit zwei Fahrbahnen für Autos und Radfahrer. Immer viel Verkehr.«

»Genau, aber wenn man laut genug hupte oder klingelte, kam man durch. Das Gedrängel gehörte dort einfach dazu.«

»Ich radelte da immer durch, wenn ich zu meinem Chef musste. Hab dann immer einen kleinen Abstecher zu den Mädchen gemacht. Ich konnte es nicht lassen. Also Marie, ich seh dich heute Abend vielleicht noch kurz.«

»Du bist immer willkommen, Piet, und nen Kaffee gibt's auch immer. Na, mal sehen, ob ich heute noch ne Kleinigkeit verdienen kann, damit ich morgen was auf meinem Brot habe und meinen Kindern einen Topf Suppe auf den Tisch stellen kann. Mit oder ohne Fleisch. So ist es doch! ... Hey, Kees, komm mal schnell her zu mir, du prächtiger geiler Bursche. Treibst du's noch ab und zu?«

Die Geschichte von Hans

Martine: Hans ist ein ganz alter Kunde von mir. Ich kenne ihn schon mehr als dreißig Jahre. Wir treffen uns inzwischen auch privat und unternehmen was zusammen, machen schöne Ausflüge und Reisen.

Mein Name ist Hans. Die Damen Louise und Martine baten mich, ein paar Besonderheiten über das Viertel, in dem sie arbeiten beziehungsweise gearbeitet haben, zu erzählen. Meine erste Erfahrung mit einer käuflichen Frau oder Hure (ich glaube, das Wort »Prostituierte« gab es damals noch nicht) hatte ich vor sechzig Jahren. Gleich am Anfang der Straße gegenüber von Kitty die Stufen hoch. Es kostete damals fünf Gulden. Louise und Martine wollen mir das nicht glauben, aber damals waren sie ja noch in der Grundschule. Ich arbeitete damals dort in der Nähe. Wenn ich morgens zur Arbeit ging, kam ich meistens durch die Oude Nieuwstraat. Gegenüber der Nummer fünf, im Souterrain, wurde auch gearbeitet. Die Frau war dort als Haushaltshilfe angestellt, aber wenn jemand vorbeikam, hörte sie kurz auf zu staubsaugen und saugte an anderen Dingen. Dafür war sie eigentlich nicht eingestellt worden, aber so verdiente sie sich ein Taschengeld dazu.

Weil ich dort in der Nähe arbeitete, musste ich immer aufpassen, dass ich keinem Kollegen über den Weg lief. Vor allem am Anfang bin ich oft dort gewesen. Früher waren dort ausschließlich niederländische Frauen, und die Atmosphäre war verglichen mit heute viel besser. Man hat damals viel zusammen gelacht. Jetzt arbeiten dort viele Frauen aus dem Ostblock, Afrika und Südamerika, die auf Niederländisch nur »fünfundzwanzig«, »fünfzig« oder »hundert« sagen können. Sich mit denen zu unterhalten oder zu verständigen ist unmöglich.

Von da, wo ich arbeitete, hatte ich Aussicht auf die Spuistraat. Dort, an der gegenüberliegenden Seite, war ein Kellerraum, in dem eine Frau arbeitete. Ihr Zuhälter stand auf der anderen Straßenseite und zählte die Kunden. Genau wie auf dem Singel, da stand ebenfalls ein Zuhälter an der Wasserseite, um seine Frau im Keller im Auge zu haben. Auf dem Singel war auch das Bordell *Het gouden stoepje* neben der Eckkneipe. Da musste man sogar Schlange stehen. Wenn man an der Tür angekommen war und sie öffnete, standen im Flur oft noch zwei Männer vor einem. Man konnte da sogar wählen: Normal oder Hündchenstellung, mit oder ohne Kondom. Deswegen war's bestimmt so voll dort. Ihr Name fällt mir jetzt auch wieder ein: Roelie. Hinterher hat sie aber damit aufgehört. Ich habe sie viele Jahre später in einem Damenbekleidungsgeschäft in Aalsmeer getroffen, da arbeitete sie als Verkäuferin. Die hatte bestimmt genügend Alfa Romeos für ihren Mann verdient, das war nämlich seine Marke. Bei denen kam haufenweise Geld rein und wurde auch wieder mit vollen Händen ausgegeben. Davon können Louise und Martine auch ein Liedchen singen. Damals gab es auch noch ein Hausboot in der Singelgracht gegenüber vom *Het gouden stoepje*, das gehörte zwei Lesben, aber die waren nicht lange da.

Ich hatte auch noch eine Adresse in der Bergstraat, aber die Dame ist später nach De Wallen umgezogen. Bei diesem Bordell konnte man zur Haustür hereingehen und zur Hintertür wieder hinaus. Dann stand man in einer anderen Straße, und es fiel nicht so auf, wo man gewesen war.

Als ich nicht mehr im Singel-Viertel gearbeitet habe, besuchte ich regelmäßig die Ruysdaelkade und die Van Ostadestraat. Da arbeitete eine gewisse Anna mit großen Brüsten. Sie war im Krieg in einem Nazilager gewesen und hatte eine Nummer auf dem Arm tätowiert. Die hatte also schwere Zeiten hinter sich. Sie ist aber nicht lang geblieben. Ich habe gehört, dass sie angeblich Probleme mit dem Herzen hatte. Vielleicht ist sie aber auch von ihrem Mann zusammengeschlagen worden, der war nämlich Boxer.

In der Van Ostadestraat bin ich auch regelmäßig bei einer Frau gewesen, aber deren Namen weiß ich jetzt nicht mehr. Die bedankte sich immer für das, was man mit ihr gemacht hatte. Das war natürlich übertrieben: Schließlich ging es nur ums Geld. Sie hatte mir damals mal erzählt, dass sie für einen älteren Mann die Finanzen regelte. Ich ging davon aus, dass sie das vernünftig machen würde, aber dem ist wohl nicht so gewesen, denn plötzlich war sie weg. Ich wurde dann von einem Mann angerufen, der sie suchte. Er schien der Mann zu sein, für den sie die Buchhaltung gemacht hatte. Ich vermute, dass sie ihn vollkommen ausgenommen hat. So was ist häufiger passiert.

Heutzutage nehmen die Damen häufig Koks. Das ist eine der Ursachen dafür, dass das Business immer mehr heruntergekommen ist. Auch die Freier nehmen heute oft Koks, was zur Folge hat, dass sie keinen Orgasmus bekommen können. Ihren Frust darüber lassen sie dann an den

Damen aus mit Sätzen wie »Ich will mein Geld zurück« und »Betrügerin« oder »Ich geh zur Polizei«.

Zum Schluss möchte ich noch erwähnen, dass die Damen früher auch »Temeier« genannt wurden, das ist ursprünglich ein jüdisches Wort und heißt Nutte. Die Stimmung war früher viel besser als heute.

Ich hoffe, das Buch wird ein Erfolg!
Hans Pietersen, Amsterdam

Geliebte Oude Nieuwstraat

Martine, 2011

Viele Mädchen kommen mit einem Kaffeebecher in der einen Hand angelaufen, mit der anderen ziehen sie laut ratternd den Rollkoffer hinter sich her. Sie haben an der Ecke den Schlüssel abgeholt und suchen jetzt das Fenster, hinter dem sie den ganzen Tag sitzen werden. Manche gucken mies gelaunt. Sie sind jetzt schon müde und haben noch den ganzen Tag vor sich.

Das Bordell, in dem ich und meine Fensternachbarin arbeiten, ist eigenständig. Noch! In der Oude Nieuwstraat gibt es nur noch zwei Bordelle, die nur von einem selbstständigen Chef oder einer Chefin geführt werden. Die anderen gehören einer Organisation, die im Café an der Ecke die Schlüssel austeilt. Früher durfte man nicht mehr als ein Bordell besitzen, im Ausnahmefall auch mal zwei. Mehr wurde nicht toleriert. Das war viel besser. Alles war unter Kontrolle. Mittlerweile ist es schwirig, mit nur einem Bordell den Kopf über Wasser zu halten. Das Geschäft geht seit Jahren zurück, und der Staat mischt sich bei allem ein. Man muss ein Kassenbuch führen, und man darf nicht mehr draußen auf der Straße anschaffen gehen. Sogar an die Fensterscheibe klopfen ist verboten. Die Abschaffung des Bordellverbots hat die ganze Sache verdorben. Man darf überhaupt nichts mehr. Früher haben wir das untereinander geregelt. Jetzt gibt es für alles Regeln, und alles ist anonym.

Bei mir gegenüber sind drei Schaufenster dicht nebeneinander. Die Mädchen hinter den Fensterscheiben wechseln fast täglich. Heute steht dort eine junge süße Schwarze mit langen weißen Stiefeln, einem weißen BH und einem roten Röckchen. Sie hat ein Piercing im Bauchnabel und ein Kettchen mit einer Silberkugel dran um den Hals. Geflochtene schwarze Locken und lange silberne Ohrringe. Sie hat die Tür geöffnet, steht halb draußen und wiegt sich von einem Bein auf das andere. Es gehen ein paar Männer vorbei und glotzen sich die Augen aus dem Kopf. Oh, etwas Neues! Sie weiß noch nicht recht, wie das hier funktioniert. Sie dreht sich um. Mitten auf ihrem Rücken bis über den Po hat sie ein Tattoo. Sie ist nicht älter als achtzehn. Ein gut aussehender Mann im Nadelstreifenanzug geht zu ihr rein. Zum Glück, sie hat einen erwischt.

Ihre Nachbarin ist gerade angekommen. Sie hat Requisiten für SM ins Fenster gehängt und ein gelbes Schildchen, auf dem »NL« draufsteht. Sie hat langes schwarzes Haar und sitzt gelangweilt auf ihrem hohen Hocker. Ihre Titten sehen aus wie zwei Fußbälle, die kurz vorm Platzen sind. Sie guckt die ganze Zeit mies gelaunt, die Ziege. Erst nach stundenlangem Warten hat sie ihren ersten Kunden, der nach fünf Minuten schon wieder draußen ist. Im dritten Fenster sitzt eine stattliche fünfundfünfzigjährige Frau. Ihre riesigen Brüste quellen aus dem großen BH. Aber ihre sind echt, das sieht man sofort. Sie lacht. Bestimmt hat sie gerade an was Lustiges gedacht.

Es ist mal wieder ein magerer Tag. Die Frauen hängen

herum. Nummer drei zündet sich eine dicke Zigarre an. Schon seit ein paar Stunden läuft ein Mann herum und geilt sich auf. Vor meinem Fenster bleibt er stehen und postiert sich da. Ich hab's gewusst.

Ich versuch ihn hochzunehmen: »Ach guck mal, haben wir etwa noch ein neues Mädchen dazubekommen? Du willst hier wohl auch anschaffen gehen?«

»Nee«, sagt der Schlaumeier. »Das Mädchen da hat Kundschaft. Ich warte hier, bis sie wieder frei ist.« Der ist doch tatsächlich so ignorant und bleibt mitten vor meiner Tür stehen. Das ist schlecht fürs Geschäft, aber das ist ihm scheißegal.

Ich stecke meinen Kopf aus der Tür. »Jetzt reicht's mir aber. Stell dich gefälligst bei dem Mädchen vor die Tür.«

»Okay, mach ich.« Er schlendert davon.

Dann werden die Damen auf der gegenüberliegenden Seite garstig zueinander. Die SM-Dame dreht fast durch wegen des süßen neuen Mädchens, das seine Tür immer offen stehen lässt. Die Situation läuft aus dem Ruder. Sie werden handgreiflich und ziehen sich an den Haaren. Die Chefin aus dem Eckladen kommt in ihrem schönen blauen Kostüm und auf ihren hohen Absätzen an. Sie bestimmt, dass die Tür zubleiben muss und dass das Mädchen nicht mit den anderen sprechen darf. Es tut mir in der Seele weh, wie sie das Mädchen behandeln. Eine Schande ist das. Sie muss doch ihr Geld verdienen können! Hure sein ist heutzutage schon schwer genug. Viele Männer sind durch Drogen, Pornos und das Internet total verdorben.

Es ist sechs Uhr, und die Oude Nieuwstraat ist wie ausgestorben. Die Mädchen von gegenüber werfen schon um halb sechs das Handtuch. Dann rollen die Köfferchen wieder durch die Straße, und die Zimmerchen werden sauber gemacht. Erst um acht Uhr kommt die nächste Schicht.

Durch die Spuistraat heult eine Sirene. Was ist denn da schon wieder los? Ich stelle mich in die Türöffnung und schaue nach. Auf der Straße ist kaum was los. Ein Tourist, der sich anscheinend hierher verirrt hat, fragt, wo die Mädchen sind.

»Die sind schon nach Hause.«

»Es gibt nirgends was zu sehen«, sagt er verärgert. »Hier ist es ja wie auf dem Dorf.«

»Tja, das kann ich auch nicht ändern. Komm doch einfach mit zu mir«, sage ich.

Er lacht nervös. »Ach ja, wieso auch nicht? Ich gehe zu Ihnen.«

»Na, dann wollen wir mal nichts anbrennen lassen.«

Echte Hurenjungs für immer!

Louise, 2011

Er liebte die Frauen aus dem Rotlichtviertel mit Haut und Haaren. Das war sein Leben. Mit seinen Kumpels ging er fast jedes Wochenende nach De Wallen. Jeder hatte hier sein eigenes Mädchen. Das war Liebe, Freundschaft und Vertrauen. Und für die Männer ein freies Leben. Sie hatten hier keine Verpflichtungen und mussten nur die Penunzen für ihr Mädchen hinter dem Fenster haben. Was wollte man mehr? Wäre es doch immer noch so! Wo sind die guten alten Zeiten geblieben? Die Zeit, in der man Spaß hatte und stundenlang miteinander quatschte?

Meine Schwester und ich gingen durch IJmuiden, wo wir heute wohnen, und jemand fuhr auf dem Fahrrad vorbei.

»Hey, Mädels, lange nicht gesehen. Wie geht's euch Prachtweibern? Ihr seid ja noch genauso hübsch wie früher.« Er bekam sich vor Lachen gar nicht mehr ein und schaute von der einen zur anderen.

»Was macht ihr in IJmuiden?«

»Tja, Fred, wir wohnen hier, wenn du nichts dagegen hast. Und was machst du hier?«

»Ich hab hier am Strand so eine feste Strandhütte, zwischen all den Amsterdamern, zusammen mit meiner Frau.

Schon seit einigen Jahren. Ich bin doch noch unter die Haube gekommen.«

»Ist sie denn auch zufrieden mit dir, Fred?«

»Aber klar. Ich bin doch ein Hauptgewinn, oder etwa nicht?«

»Ja, sie hat wirklich Glück gehabt mit dir. Aber wo steckt sie denn gerade?«

»Sie liegt am FKK-Strand. Ich bin mal fix mit dem Boot hin und her gefahren, hatte mein Fahrrad mitgenommen. Schnell ins Rotlichtviertel, kurz was loswerden. Mensch, ich hab's genossen! Hab meine Runde gedreht und bin hopp wieder zurück nach IJmuiden.«

»Du kannst sie also immer noch nicht lassen, Fred? Die Mädchen von De Wallen?«

»So ist es, Marie, das sitzt tief. Ich möcht's für kein Geld der Welt missen.«

Fred sprang wieder auf sein Rad und rief: »Tschüss, Mädchen von De Wallen!«

So was in IJmuiden! Großartig!

Weil Freitag war, bestellten wir frittierten Fisch am Fischstand. Wir hatten uns gerade gemütlich hingesetzt, da kam noch ein alter Kunde angeradelt. Der bestellte sich auch Fisch.

»Hey, euch kenn ich doch von früher?«

»Du, Tien, jetzt erkenn ich ihn. Das ist Ron.«

»Ron, wie geht's denn so?«

»Prima, danke. Mensch, das ist ja auch schon ne Weile her, dass ich zu euch an den Singel kam. Zu Kitty, das war mir ja eine.«

»Das kannst du laut sagen, Ron. Wir wussten gar nicht, dass du aus IJmuiden kommst.«

»Männer haben überall die gleichen Bedürfnisse, egal, wo sie wohnen. Das müsstet ihr als Profis doch wissen.«

»Na klar, Ron, und mit dir können wir uns wenigstens kurz unterhalten.«

»Aber sicher«, sagte Ron. »Mensch, Mädels, hört mal. Wenn ich euch so sehe, hätt ich eigentlich Lust. Wie wär's denn mit nem flotten Dreier?«

»Klingt aufregend«, sagte Tien. »Machen wir einen Termin. Dann kannst du ganz normal auf mein Zimmer in der Oude Nieuwstraat kommen. Nicht ins Bordell von Kitty, sondern in das von Katja.«

»Ach ja, Katja, die hab ich früher auch gekannt.«

»Tja, Ron, wo ist nur die Zeit geblieben, was?«

»Du sagst es.«

Wir hatten unseren Fisch aufgegessen, und Ron sprang wieder auf sein Rad.

»Ladys, ich ruf euch nächste Woche an für unseren flotten Dreier.«

Einmal Hure...

Louise & Martine, IJmuiden 2011

Einmal Hure, immer Hure? Einmal Hurenbock, immer Hurenbock.

Das ist einfach so. Es ist wahr, und deswegen haben wir es erzählt. Warum auch nicht?

Sehr viele Stammkunden haben miterlebt, wie wir angefangen haben. Viele Kunden von früher sind uns immer treu geblieben. Ob es nun ein Schwätzchen war, freundschaftliche Unterstützung, ein Ausflug, eine Tasse Kaffee, ein Nachmittagsbummel, ein Kinobesuch, was Nettes einkaufen im Schmuckgeschäft Meijer am Nieuwmarkt oder Stilettos oder bei Lexje eine Lederjacke – wir haben immer alles zusammen gemacht, immer wieder mit anderen Freiern. Wir waren Geschenke für die Kinder kaufen, sind eine ganze Woche zusammen in den Urlaub gefahren mit allem Drum und Dran, sodass wir keinen Finger krumm machen mussten. Oder wir haben einen Tagesausflug gemacht mit krönendem Abschluss in einem Restaurant. Auf diese Weise hat man ein herrliches Leben. Was hat man denn schon von der sogenannten Treue? Vom Trauschein, einem Blatt Papier, kann man doch nicht leben!

Ein guter Freier genießt alles, auch die alltäglichen Dinge zu zweit. Das ist keine große Sache. Es ist ganz normal.

Alles, was man tut, sollte man gerne tun. Aus Spaß an der Freude. Jeder kann selbst bestimmen, wie er leben will. Man ist sein eigener Herr über sein Leben, und man hat nur eins.

Wir wollten alles mit viel Humor und Freude beschreiben. Wenn es nach uns ginge, muss es nicht bei diesem einen Buch bleiben.